BON ET PAS CHER

150 RECETTES À MOINS DE 3 €

Sabine Duhamel

Sommaire

5 règles d'or pour bien manger sans se ruiner

Nul besoin d'être un cordon-bleu ou un financier aguerri pour bien manger sans se ruiner. C'est même à la portée de tous ! Avec ces recettes faciles et bon marché, vous n'aurez plus aucune excuse pour courir vous sustenter au *fast-food* du coin ou avaler une pizza à la hâte. Voici cinq règles de base pour apprendre à bien manger sans – trop – dépenser.

1 Faites-le vous-même !

Manque de temps ou manque d'inspiration : nombreuses sont les raisons qui nous poussent à préférer les plats cuisinés à ceux qu'il nous faut préparer tout seuls. Beaucoup se font, en effet, la réflexion suivante : « Pourquoi s'embêter à cuisiner alors que certains plats tout faits contiennent des légumes, de la viande ou du poisson déjà prêts ? » Des légumes, de la viande ou du poisson, oui, mais en quelle quantité ? Car ces préparations contiennent, hélas, aussi et surtout, du gras, du sucre et du sel ! Certes, elles constituent souvent la solution idéale pour déjeuner ou dîner vite fait sans trop se prendre la tête. Mais attention à ne pas en abuser, car malgré certains intitulés trompeurs, ces plats tout prêts contiennent souvent plus de mauvaises choses (colorants, graisses, conservateurs, etc.) que de bonnes (légumes, viandes et poissons, par exemple). Alors, c'est pratique une fois de temps en temps mais, tous les jours, ces plats risquent de peser lourd, non seulement sur la balance mais aussi dans vos finances… Car sachez-le : préparer vous-même le petit plat que vous vous apprêtez à réchauffer vous coûtera toujours beaucoup moins cher !

Cuisiner demande un (tout petit peu) plus d'efforts que de tourner le bouton du four à micro-ondes, mais, au final, cette solution reste de très loin la plus économique. D'autant que personne ne vous demande d'édifier chaque jour un menu digne d'un grand restaurant. Ce soir, que vous dîniez seul, à deux ou avec des copains, c'est promis, vous n'aurez pas besoin de rester des heures dans la cuisine pour profiter pleinement de votre soirée (que ce soit une soirée télé, entre amis ou en famille). Grâce aux recettes proposées dans ce guide, vous pourrez concocter facilement et rapidement toute une série de délicieux petits plats… économiques et simplissimes !

2 Apprenez à reconnaître les produits les moins chers

Certaines viandes ou certains poissons coûtent moins cher que d'autres. C'est le cas, du porc et de la volaille pour les viandes, du colin ou du cabillaud pour les poissons. Par ailleurs, dans le bœuf, pourtant réputé plus onéreux, on trouve également des morceaux meilleur marché tels que le tendron, le collier, mais aussi le plat de côtes ou même la joue… Apprenez donc à utiliser ces produits et à traquer les promotions sur des morceaux plus coûteux : lorsque la date de péremption d'une viande approche, elle bénéficie souvent de remises substantielles…

En ce qui concerne les fruits et les légumes, on a beau répéter qu'il reste plus avantageux de profiter des produits de saison, force est de constater que bien peu d'entre nous savent encore quelle saison correspond à tel fruit ou tel légume… Un petit rappel s'impose. En hiver, profitez des brocolis (et des choux en général), de la mâche, des poireaux, des potirons ou des endives. Au printemps, privilégiez les carottes, les asperges, les petits pois ou les épinards. Pendant l'été, préférez les aubergines, les tomates, les courgettes et les poivrons. N'oubliez pas les courges, le fenouil ou les champignons à l'automne… Pour les fruits, préférez les clémentines, les poires, le raisin, les noix, les noisettes ou les pommes en automne et en hiver. Profitez des fraises, des cerises, des framboises, des pêches et des abricots au printemps et en été…

3 Réapprenez à faire vos courses

Aussi étrange que cela puisse paraître, faire ses courses sans y laisser des fortunes est loin d'être évident. Les allées des supermarchés regorgent, en effet, à ce point de tentations, qu'il est très difficile d'y résister. Pour ne pas succomber, le mieux reste donc de passer un minimum de temps dans ces rayons remplis de mille et un délices. Et pour cela le secret consiste à savoir exactement ce dont on a besoin, afin de se diriger droit à l'essentiel, sans se perdre dans les allées « dangereuses » ! Même si cela peut vous paraître fastidieux, faites une liste de courses ! D'abord, parce que cela reste la meilleure façon de ne rien oublier. Ensuite, parce que cela vous fera gagner du temps : savoir exactement ce que vous souhaitez acheter, vous permettra d'aller directement le chercher, sans avoir à errer des heures dans les rayons comme une âme en peine… Dernier truc à connaître (et non des moindres) pour se montrer plus fort que la tentation : ne jamais partir faire ses courses le ventre vide. C'est logique : on est moins tenté de craquer l'estomac plein, que lorsqu'on a faim !

4 Sachez où faire vos courses

Apprenez à composer avec les articles en promotion et à profiter des produits de saison qui resteront toujours plus avantageux. Par ailleurs, sachez que les magasins de discount alimentaire ont su gagner leurs lettres de noblesse et qu'ils proposent des produits bien moins chers, mais pas de plus mauvaise qualité. La plupart d'entre eux sont même dotés désormais de rayons bio ! Profitez aussi des fins de marché pour sortir faire vos courses : en attendant le dernier moment, vous pourrez bénéficier de remises intéressantes, accordées notamment par les primeurs, qui préféreront brader plutôt que jeter des produits qu'ils ne pourraient plus remettre en vente le lendemain.

5 Soyez créatif !

La créativité ne s'achète pas plus que le système D ! Nous l'avons vu, pour peu que l'on sache où et comment faire ses courses, point n'est besoin de dépenser des fortunes pour s'approvisionner correctement ! Et lorsque sa cuisine contient ce qu'il faut pour manger bon, sain et pas cher, le plus simple (et le plus amusant) reste à faire ! Les recettes proposées dans ce livre sont, en effet, faciles à réaliser. En plus, elles ne vous coûteront pas plus de 3 euros par personne si vous effectuez vos courses dans un magasin de discount alimentaire et que vous consommez des produits de saison.

Alors amusez-vous à marier les produits entre eux pour créer de nouvelles recettes. Osez accommoder les restes pour réinventer la cuisine. Ce livre va vous apprendre que l'on peut tout à fait préparer de savoureux petits plats sans dépenser beaucoup d'argent. À vous de faire le reste ! Une fois que vous aurez compris le système, lancez-vous et faites-vous plaisir !

On vous raconte des salades

Elles constituent à elles seules un plat complet et équilibré dont il serait dommage de se priver…

Amuse-bouches du soleil

Ce qu'il vous faut

Pour 4 personnes

Pour le tzatziki :
200 g de fromage blanc
1 concombre
1 gousse d'ail
sel, poivre
huile d'olive

Pour le houmos :
1 boîte de pois chiches (300 g)
1 gousse d'ail
le jus d'un demi-citron
sel, poivre
huile d'olive

Pour le guacamole :
2 petits avocats bien mûrs
le jus d'un demi-citron
un trait de Tabasco
sel, poivre
huile d'olive

La touche finale

Répartissez ces amuse-bouches dans trois bols et servez-les avec des mini-blinis, du pain grillé ou, pour une version plus light, avec des bâtonnets de légumes crus (carotte, concombre, céleri...).

Aux fourneaux !

* Préparez le tzatziki

Lavez le concombre et râpez-le.
Hachez l'ail.
Mélangez le fromage blanc au concombre et à l'ail.
Salez, poivrez et ajoutez un filet d'huile d'olive.
Couvrez de film alimentaire et réservez au frais jusqu'au moment de servir.

* Préparez le houmos

Égouttez les pois chiches et mixez-les avec la gousse d'ail jusqu'à obtention d'une purée homogène (ajoutez un filet d'eau au besoin).
Salez, poivrez et ajoutez un filet d'huile d'olive.
Couvrez de film alimentaire et réservez au frais jusqu'au moment de servir.

* Préparez le guacamole

Prélevez la chair des avocats et écrasez-la à la fourchette.
Ajoutez le jus de citron, puis le Tabasco, suivant votre goût.
Salez, poivrez et ajoutez un filet d'huile d'olive.
Couvrez de film alimentaire et réservez au frais jusqu'au moment de servir.

Salade grecque au quinoa

Aux fourneaux !

* Faites cuire le quinoa une quinzaine de minutes dans une casserole d'eau bouillante. Égouttez-le et laissez-le refroidir.
* Lavez les légumes.
* Épluchez le concombre, épépinez-le, et coupez les tomates et la féta en petits dés.
* Hachez l'échalote.
* Mélangez le quinoa refroidi aux tomates, au concombre, à la féta, aux olives et à l'échalote.
* Salez, poivrez et ajoutez l'huile d'olive.
* Mélangez bien et placez au frais jusqu'au moment de servir.

Ce qu'il vous faut

Pour 4 personnes

1 petit verre de quinoa
1 concombre
4 petites tomates
200 g de féta
1/2 échalote
quelques olives noires dénoyautées
1 cuillère à soupe d'huile d'olive
sel, poivre

Légumes râpés aux fruits secs

Ce qu'il vous faut

Pour 4 personnes

4 grosses carottes
1/4 de chou blanc
1 cuillère à soupe de raisins secs
quelques feuilles de coriandre (hachée ou ciselée)
1 cuillère à café de cumin
quelques cerneaux de noix
2 cuillères à soupe d'huile olive
le jus d'un demi-citron
sel, poivre

Aux fourneaux !

* Nettoyez le chou et ôtez-en les premières feuilles ainsi que le trognon.
* Épluchez les carottes.
* Râpez finement les légumes.
* Dans un bol, préparez la sauce en mélangeant l'huile d'olive et le jus de citron. Ajoutez le cumin et la coriandre.
* Salez et poivrez.
* Versez la sauce ainsi obtenue sur les légumes râpés et les fruits secs en remuant bien, de manière à ce que tous les ingrédients s'imprègnent des différents parfums.

Salade de pâtes fraîcheur

Aux fourneaux !

* Faites cuire les pâtes dans une casserole d'eau bouillante salée.
* Égouttez et laissez refroidir.
* Lavez la courgette et prélevez des lanières à l'aide d'un économe. Jetez ces tagliatelles de courgettes dans une casserole d'eau bouillante et faites-les cuire légèrement une minute ou deux.
* Égouttez et laissez refroidir.
* Coupez le saumon fumé en lanières.
* Lavez et hachez la menthe.
* Dans un saladier, mélangez l'huile d'olive au jus de citron et au vinaigre balsamique.
* Salez et poivrez.
* Ajoutez tous les autres ingrédients et mélangez délicatement.

Ce qu'il vous faut

Pour 4 personnes

200 g de pâtes (de votre choix)
2 tranches de saumon fumé
1 courgette
3 cuillères à soupe de dés de féta
quelques feuilles de menthe
3 cuillères à soupe d'huile d'olive
1 cuillère à café de vinaigre balsamique
1 cuillère à café de jus de citron
sel, poivre au moulin

Salade de poulet au citron

Ce qu'il vous faut

Pour 4 personnes

2 blancs de poulet
1 citron
100 g d'emmental
1 sachet de cœurs de laitue
1 barquette de tomates cerises
2 cuillères à soupe d'huile d'olive
1 pincée de basilic haché surgelé
sel, poivre

Aux fourneaux !

* Pressez le citron pour en extraire le jus.
* Préparez une marinade en mélangeant une cuillère à soupe d'huile d'olive au jus de citron.
* Salez et poivrez.
* Coupez les blancs de poulet en dés et placez-les dans la marinade. Couvrez de film plastique et placez au moins une heure au réfrigérateur.
* Égouttez les dés de poulet et faites-les revenir à feu vif à la poêle pendant trois ou quatre minutes. Lorsqu'ils sont cuits, arrosez-les du reste de marinade et laissez réduire quelques instants.
* Laissez la viande refroidir et réservez.
* Coupez l'emmental en dés.
* Lavez les tomates cerises.
* Dans un saladier mélangez tous les ingrédients à l'huile d'olive et au basilic haché en remuant délicatement.

Salade de pousses d'épinards aux pommes de terre d'Arthur

Aux fourneaux !

* Pelez les pommes de terre. Coupez-les en gros dés et faites-les cuire une vingtaine de minutes dans une casserole d'eau bouillante. Égouttez-les et laissez-les refroidir.
* Lavez les pousses d'épinards en les passant sous l'eau et séchez-les délicatement.
* Épluchez l'échalote et hachez-la.
* Épluchez la carotte et râpez-la.
* Versez l'huile d'olive et le vinaigre balsamique dans un saladier.
* Salez et poivrez.
* Mélangez délicatement tous les ingrédients à la sauce ainsi obtenue.

Ce qu'il vous faut

Pour 4 personnes

3 poignées de pousses d'épinards
2 pommes de terre
1 carotte
1 échalote
1 cuillère à soupe d'huile d'olive
1 cuillère à café de vinaigre balsamique
sel, poivre au moulin

Salade parisienne

Ce qu'il vous faut

Pour 4 personnes

1 sachet de cœurs de laitue
2 tranches de jambon épaisses
100 g de gruyère
5 ou 6 gros champignons de Paris
1 petite barquette de tomates cerises
1/2 citron
4 cuillères à soupe d'huile de tournesol
1 cuillère à café de moutarde
sel, poivre

Aux fourneaux !

* Coupez le jambon en lanières.
* Coupez le gruyère en dés.
* Pressez le demi-citron.
* Nettoyez les champignons et arrosez-les du jus de citron pour éviter qu'ils ne noircissent.
* Lavez les tomates cerises et coupez-les en deux.
* Dans un saladier, mélangez l'huile de tournesol et la moutarde.
* Salez et poivrez..
* Ajoutez les cœurs de laitue, le jambon, le gruyère, les champignons et les tomates.
* Mélangez de façon à ce que tous les ingrédients s'imbibent bien de la sauce.

Salade de crevettes au curry

Aux fourneaux !

* Faites cuire le riz à l'eau bouillante.
* Égouttez-le et laissez-le refroidir.
* Décortiquez les crevettes.
* Égouttez le maïs.
* Lavez les tomates et coupez-les en quartiers.
* Dans un saladier, mélangez l'huile d'olive à la mayonnaise et au curry.
* Salez et poivrez.
* Ajoutez le riz, le maïs, les tomates et les crevettes et mélangez soigneusement, de façon à ce que tous les ingrédients s'imprègnent de la sauce.

Ce qu'il vous faut

Pour 4 personnes

125 g de riz
1 grosse poignée de crevettes cuites
2 tomates
1 petite boîte de maïs
2 cuillères à café d'huile d'olive
1 cuillère à café de mayonnaise
1/2 cuillère à café de curry en poudre
sel, poivre

Salade de thon à l'espagnole

Ce qu'il vous faut

Pour 4 personnes

75 g de riz
1 poivron rouge
1 poivron vert
1 poivron jaune
1/2 petit oignon rouge
1 petite boîte de miettes de thon
2 cuillères à soupe d'huile d'olive
1 cuillère à café de vinaigre balsamique
sel, poivre

Aux fourneaux !

* Lavez les poivrons et épépinez-les. Coupez-les en petits dés.
* Faites cuire le riz à l'eau bouillante. Égouttez-le et laissez-le refroidir.
* Épluchez l'oignon et hachez-en la moitié.
* Égouttez soigneusement les miettes de thon.
* Dans un saladier, mélangez l'huile d'olive au vinaigre balsamique.
* Salez (très légèrement car le thon l'est déjà) et poivrez.
* Ajoutez les poivrons, le riz, l'oignon et les miettes de thon.
* Remuez délicatement de manière à ce que tous les ingrédients s'imprègnent de la sauce.

Salade scandinave

Aux fourneaux !

* Faites cuire les pommes de terre dans une casserole d'eau bouillante pendant une vingtaine de minutes (vérifiez la cuisson avec la pointe d'un couteau).
* Égouttez-les, épluchez-les et laissez-les refroidir.
* Coupez les harengs en dés.
* Épluchez et épépinez le concombre puis coupez-le en dés.
* Coupez les pommes de terre en gros dés.
* Dans un saladier, mélangez l'huile au vinaigre.
* Salez (légèrement) et poivrez.
* Versez-y la salade, le concombre, les harengs et les pommes de terre, et mélangez délicatement.

Ce qu'il vous faut

Pour 4 personnes

1 petit sachet de salade mélangée
3 harengs fumés
3 belles pommes de terre
1 petit concombre
2 cuillères à soupe d'huile de tournesol
1 cuillère à café de vinaigre de vin
sel, poivre

Salade de mâche aux champignons

Ce qu'il vous faut

Pour 4 personnes

1 sachet de mâche
250 g de champignons de Paris
1/2 citron
3 tomates
2 fines tranches de jambon cru
2 cuillères à soupe de cerneaux de noix
2 cuillères à soupe d'huile d'olive
1 petite cuillère à café de vinaigre balsamique
sel, poivre au moulin

Aux fourneaux !

* Nettoyez les champignons de Paris et coupez-les en lamelles.
* Pressez le demi-citron. Versez le jus sur les lamelles de champignon, pour éviter qu'elles noircissent.
* Coupez le jambon cru en lanières.
* Lavez les tomates et coupez-les en quartiers.
* Dans un saladier, mélangez l'huile d'olive au vinaigre balsamique.
* Salez et poivrez.
* Versez-y la mâche, les tomates, le jambon fumé, les champignons et les cerneaux de noix.
* Mélangez délicatement.

Salade de tomates séchées au basilic

Aux fourneaux !

* Coupez la mozzarella en dés.
* Coupez les tomates séchées en gros morceaux.
* Versez l'huile d'olive dans un saladier. Ajoutez le basilic et mélangez.
* Salez et poivrez.
* Ajoutez les cœurs de laitue, la mozzarella, les tomates séchées et les olives.
* Remuez délicatement de manière à ce que tous les ingrédients s'imbibent de la sauce.

Ce qu'il vous faut

Pour 4 personnes

1 sachet de cœurs de laitue
1 boule de mozzarella
6 tomates séchées (en bocal)
1 dizaine d'olives noires dénoyautées
1 bonne cuillère à soupe de basilic haché surgelé
2 cuillères à soupe d'huile d'olive
sel, poivre au moulin

Salade de fonds d'artichauts

Ce qu'il vous faut

Pour 4 personnes

2 bonnes poignées de salade mélangée (en sachet)
8 fonds d'artichauts (en boîte)
2 œufs
2 tomates
1 cuillère à café de persil haché surgelé
4 cuillères à soupe d'huile d'olive
1 cuillère à soupe de jus de citron
sel, poivre

Aux fourneaux !

* Égouttez les fonds d'artichauts et coupez-les en quatre.
* Faites durcir les œufs dix minutes dans une casserole d'eau bouillante.
* Laissez-les refroidir, écalez-les et coupez-les en quatre.
* Lavez les tomates et coupez-les en dés.
* Mélangez l'huile d'olive au jus de citron et au persil.
* Salez et poivrez.
* Versez cette sauce sur la salade, les tomates, les œufs durs et les fonds d'artichauts et remuez bien.

Tomates farcies d'été

Aux fourneaux !

* Lavez les tomates et le poivron.
* Creusez les tomates à l'aide d'une cuillère et retirez tous les pépins.
* Épépinez le poivron et coupez-le en tout petits morceaux.
* Égouttez le maïs et le crabe.
* Dans un saladier, mélangez le maïs au poivron et aux miettes de crabe. Ajoutez la mayonnaise, le yaourt et le persil.
* Salez, poivrez.
* Mélangez bien.
* Farcissez les tomates de la préparation.
* Placez au réfrigérateur jusqu'au moment de servir.

Ce qu'il vous faut

Pour 4 personnes

4 grosses tomates
1/2 poivron vert
1 petite boîte de maïs
1 petite boîte de miettes de crabe
2 cuillères à soupe de mayonnaise
1 cuillère à soupe de yaourt nature
1 cuillère à café de persil haché surgelé
sel, poivre

Salade de poulet sucrée salée

Ce qu'il vous faut

Pour 4 personnes

2 blancs de poulet
3 grosses poignées de salade mélangée (en sachet)
1 grosse pomme verte
3 tomates
1 petite boîte de maïs
2 cuillères à soupe de mayonnaise
1 yaourt nature
1/2 cuillère à café de curry en poudre
1 filet d'huile d'olive
sel, poivre

Aux fourneaux !

* Faites cuire les blancs de poulet à la poêle dans un peu d'huile d'olive. Laissez-les refroidir et coupez-les en dés.
* Lavez les tomates, épépinez-les et coupez-les en dés.
* Épluchez la pomme et coupez-la en dés.
* Égouttez le maïs.
* Dans un saladier, mélangez le yaourt nature à la mayonnaise. Ajoutez le curry.
* Salez et poivrez.
* Ajoutez le poulet, le maïs, la pomme, les tomates et la salade.
* Mélangez bien, de manière à ce que tous les ingrédients s'imprègnent de la sauce.

Bonnes pâtes

Parce qu'elles demeurent incontournables, on apprend à en tirer parti pour décliner tout un tas de recettes chic et pas chères.

Tagliatelles aux fruits de mer

Ce qu'il vous faut

Pour 4 personnes

400 g de tagliatelles
1 sachet de fruits de mer surgelés (500 g)
2 échalotes
1/2 verre de vin blanc sec
3 cuillères à soupe de crème fraîche
2 cuillères à soupe d'huile d'olive
sel, poivre

Aux fourneaux !

* Épluchez et émincez les échalotes.
* Dans une grande poêle, faites revenir les fruits de mer encore surgelés à l'huile d'olive avec les échalotes (selon le temps de cuisson indiqué sur le sachet).
* Mouillez avec le vin blanc.
* Salez, poivrez et laissez cuire à feu très doux (ajoutez un peu d'eau ou de vin au besoin).
* Pendant ce temps, faites cuire les tagliatelles.
* Lorsque les pâtes sont cuites, ajoutez la crème fraîche aux fruits de mer et laissez réduire quelques instants.
* Égouttez les tagliatelles et nappez-les de la sauce aux fruits de mer.

Spaghettis au mascarpone et au gorgonzola

Aux fourneaux !

* Faites cuire les spaghettis dans une casserole d'eau bouillante salée.
* Dans une petite casserole, faites fondre à feu très doux le mascarpone et le gorgonzola.
* Lavez les tomates cerises et coupez-les en deux.
* Lorsque les spaghettis sont al dente, égouttez-les, puis remettez-les dans la casserole. Ajoutez la sauce aux deux fromages.
* Salez et poivrez.
* Terminez la cuisson à feu très doux, sans cesser de remuer, afin que les pâtes s'imbibent bien de la sauce.

Ce qu'il vous faut

Pour 4 personnes

400 g de spaghettis
1/2 pot de mascarpone (125 g)
100 g de gorgonzola
200 g de tomates cerises
sel, poivre

l'astuce

Disposer le reste de pâtes dans des petits ramequins. Saupoudrez d'un peu de parmesan et faites gratiner une dizaine de minutes. Servez avec une salade verte et quelques copeaux de jambon italien.

Nouilles sautées à la cantonaise

Ce qu'il vous faut

Pour 4 personnes

250 g de nouilles chinoises
1 carotte
1 échalote
2 tranches de jambon de Paris
1 petite boîte de petits pois
2 œufs
1 cuillère à café de sauce soja
un filet d'huile d'olive
poivre au moulin

Aux fourneaux !

* Épluchez et hachez l'échalote.
* Faites cuire les nouilles dans une casserole d'eau bouillante salée.
* Battez les œufs en omelette. Faites-les cuire jusqu'à obtention d'une omelette bien ferme.
* Lorsque l'omelette a refroidi, coupez-la en grosses lanières.
* Égouttez les petits pois.
* Épluchez la carotte et râpez-la.
* Coupez le jambon en lanières assez épaisses.
* Lorsque les pâtes sont cuites, égouttez-les.
* Faites chauffer l'huile dans une poêle ou un wok et faites fondre légèrement l'échalote hachée. Ajoutez les nouilles, la carotte râpée, les petits pois, les lanières d'omelette et de jambon. Versez la sauce soja. Poivrez.
* Faites sauter l'ensemble pendant une minute ou deux en remuant souvent, de manière à ce que le mélange n'attache pas.

Gratin de macaronis aux légumes d'été

Aux fourneaux !

* Lavez la courgette et l'aubergine. Coupez-les en dés.
* Pelez l'oignon et émincez-le.
* Pelez les gousses d'ail et écrasez-les.
* Faites revenir les légumes dans une sauteuse avec une cuillère à soupe d'huile d'olive.
* Salez, poivrez et saupoudrez d'une bonne pincée d'herbes de Provence.
* Laissez mijoter à feu doux pendant une quinzaine de minutes.
* Faites cuire les macaronis dans une casserole d'eau bouillante salée.
* Lavez les tomates et coupez-les en rondelles.
* Égouttez les pâtes et mélangez-les à la courgette et à l'aubergine.
* Versez la préparation dans un plat à gratin. Recouvrez des rondelles de tomates et parsemez de gruyère râpé.
* Enfournez une dizaine de minutes à 200 °C (le fromage doit être gratiné).

Ce qu'il vous faut

Pour 4 personnes

200 g de macaronis
1 aubergine
1 courgette
3 tomates
1 oignon
2 gousses d'ail
1 pincée d'herbes de Provence
3 cuillères à soupe de gruyère râpé
1 cuillère à soupe d'huile d'olive
sel, poivre

Tagliatelles aux olives et au thon

Ce qu'il vous faut

Pour 4 personnes

400 g de tagliatelles
3 cuillères à soupe d'olives noires dénoyautées
2 petites boîtes de miettes de thon
1 cuillère à café de câpres
1 briquette de crème liquide
2 cuillères à soupe de parmesan râpé
sel, poivre au moulin

Aux fourneaux !

* Faites cuire les tagliatelles à l'eau bouillante salée.
* Coupez les olives en morceaux.
* Égouttez soigneusement les miettes de ton.
* Lorsque les pâtes sont cuites, égouttez-les.
* Versez la crème liquide dans une casserole. Ajoutez les miettes de thon, les olives, les câpres et le parmesan.
* Salez (très légèrement car le thon l'est déjà suffisamment) et poivrez.
* Ajoutez les pâtes et terminez la cuisson à feu doux en mélangeant délicatement.
* Saupoudrez de parmesan et servez.

Lasagnes au chèvre et aux aubergines

Aux fourneaux !

* Épluchez et émincez l'oignon.
* Lavez les aubergines et coupez-les en petits dés.
* Versez l'huile d'olive dans une sauteuse. Faites revenir les aubergines et les oignons une dizaine de minutes à feu moyen. Saupoudrez d'herbes de Provence.
* Salez et poivrez.
* Lavez les tomates et coupez-les en dés.
* Lorsque les aubergines et l'oignon sont cuits, ajoutez les tomates.
* Déposez une couche de légumes au fond d'un plat à gratin. Recouvrez d'une couche de lasagnes, puis d'une couche de légumes et ainsi de suite (le nombre de couches variant en fonction de la hauteur de votre plat). Terminez par une mince couche de légumes.
* Enfournez une trentaine de minutes à 200 °C (vérifiez la cuisson avec la pointe d'un couteau).
* Coupez la bûche de chèvre en rondelles.
* Sortez les lasagnes du four et recouvrez-les des rondelles de chèvre.
* Remettez le plat au four cinq à dix minutes, le temps que le fromage fonde.

Ce qu'il vous faut

Pour 4 personnes

8 à 10 feuilles de lasagnes
3 aubergines
1 oignon
2 tomates
1 bûche de chèvre
1 cuillère à soupe d'huile d'olive
1 cuillère à café d'herbes de Provence
sel, poivre

Spaghettis aux deux saumons et à l'oseille

Ce qu'il vous faut

Pour 4 personnes

400 g de spaghettis
2 tranches de saumon fumé
2 darnes de saumon
1 briquette de crème liquide
200 g d'oseille
1 cuillère à soupe de crème fraîche épaisse
1 cuillère à soupe de parmesan râpé
1 filet d'huile d'olive
sel, poivre au moulin

Aux fourneaux !

* Faites cuire les darnes de saumon en papillote pendant une dizaine de minutes au four (à 180 °C).
* Faites cuire les spaghettis dans une casserole d'eau bouillante salée.
* Émiettez les darnes de saumon en prenant soin d'ôter les arêtes et la peau.
* Lavez et essorez l'oseille. Hachez-la et faites-la fondre très légèrement à la poêle dans un peu d'huile d'olive. Ajoutez la crème liquide et la crème fraîche.
* Salez très légèrement et poivrez.
* Laissez réduire à feu doux une minute ou deux.
* Coupez le saumon fumé en lanières.
* Égouttez les pâtes. Remettez-les dans la casserole avec la sauce à l'oseille, le saumon émietté et le parmesan.
* Terminez la cuisson en remuant constamment.
* Ajoutez les lanières de saumon fumé au moment de servir.

Pennes au camembert

Aux fourneaux !

* Faites cuire les pennes dans une grande casserole d'eau bouillante salée.
* Coupez le camembert en quatre, puis en huit. Retirez la croûte.
* Dans une petite casserole, faites fondre le camembert à feu très doux avec la crème liquide sans cesser de remuer.
* Égouttez les pâtes lorsqu'elles sont cuites.
* Replacez-les dans la casserole avec la sauce au camembert.
* Salez, poivrez et terminez la cuisson doucement (pendant une minute environ) sans cesser de remuer.

Ce qu'il vous faut

Pour 4 personnes

300 g de pennes
1 camembert
1/2 briquette de crème liquide
sel, poivre

La touche finale

Au moment de servir, vous pouvez saupoudrer vos pennes de cerneaux de noix grossièrement concassés.

Tagliatelles à la napolitaine

Ce qu'il vous faut

Pour 4 personnes

350 g de tagliatelles
60 g de parmesan râpé
1 petite boîte de tomates pelées
1 poivron rouge
1 gousse d'ail
1 dizaine d'olives noires dénoyautées
1 cuillère à soupe d'huile d'olive
1 pincée de sucre en poudre
1 bonne pincée d'herbes de Provence
sel, poivre

l'astuce

Lorsque vous cuisinez des tomates, pensez à ajouter une pincée de sucre, afin d'en atténuer l'acidité.

Aux fourneaux !

* Faites cuire les tagliatelles dans une grande casserole d'eau bouillante salée.
* Lavez et épépinez le poivron. Coupez-le en petits morceaux.
* Coupez les olives en deux.
* Épluchez la gousse d'ail et écrasez-la.
* Faites chauffer l'huile d'olive dans une grande poêle.
* Mettez à revenir les tomates concassées (avec leur jus), l'ail et le poivron.
* Salez, poivrez.
* Ajoutez les herbes de Provence et le sucre.
* Laissez mijoter à découvert pendant une vingtaine de minutes en remuant de temps en temps.
* Égouttez les pâtes lorsqu'elles sont cuites.
* Nappez-les de sauce et saupoudrez de parmesan.

Conchiglionis aux artichauts

Aux fourneaux !

* Ôtez les feuilles des artichauts, puis le foin. Ne conservez que les fonds (blancs) et coupez-les en dés. Placez-les dans un bol avec un peu de jus de citron (pour éviter qu'ils noircissent).
* Pelez et écrasez l'ail.
* Dans une sauteuse ou une grande poêle, faites revenir les tomates concassées (et leur jus) avec l'ail écrasé.
* Salez et poivrez.
* Ajoutez les dés d'artichauts, puis le persil.
* Laissez mijoter une quinzaine de minutes à feu doux (et à découvert).
* Faites cuire les pâtes dans une grande casserole d'eau bouillante salée.
* Égouttez-les et nappez-les de la sauce.

Ce qu'il vous faut

Pour 4 personnes

300 g de conchiglionis (grosses pâtes en forme de coquillages)
3 artichauts
1 gousse d'ail
1 petite boîte de tomates concassées
1 filet de jus de citron
1 cuillère à café de persil haché surgelé
sel, poivre

Spaghettis à l'ail

Ce qu'il vous faut

Pour 4 personnes

350 g de spaghettis
6 gousses d'ail
6 cuillères à soupe d'huile d'olive
5 cuillères à soupe de parmesan râpé
sel, poivre

Aux fourneaux !

* Faites cuire les spaghettis en les plongeant dans une casserole d'eau bouillante salée.
* Pelez les gousses d'ail.
* Dans une petite casserole, faites chauffer à feu doux l'huile d'olive avec les gousses d'ail. Veillez à ce que les gousses d'ail ne noircissent pas (retirez au besoin celles qui brunissent trop).
* Égouttez les pâtes une fois qu'elles sont cuites.
* Retirez toutes les gousses d'ail de l'huile d'olive.
* Replacez les pâtes dans la casserole et arrosez-les de l'huile d'olive parfumée.
* Salez, poivrez et ajoutez le parmesan.
* Terminez la cuisson à feu doux, pendant une minute environ, en remuant bien.

Fusillis au basilic

Aux fourneaux !

* Faites cuire les pâtes dans une grande casserole d'eau bouillante salée.
* Épluchez la gousse d'ail.
* Lavez les feuilles de basilic. Mixez-les avec le parmesan, l'huile d'olive et la gousse d'ail jusqu'à ce que vous obteniez une consistance bien crémeuse.
* Salez et poivrez.
* Égouttez les pâtes lorsqu'elles sont cuites.
* Remettez-les dans la casserole avec la sauce au basilic.
* Terminez la cuisson, en remuant quelques instants à feu doux, de manière à ce que les fusillis s'imprègnent de la sauce.

Ce qu'il vous faut

Pour 4 personnes

350 g de fusillis
1 bouquet de basilic
200 g de parmesan râpé
1 gousse d'ail
2 cuillères à soupe d'huile d'olive
sel, poivre

Tortellinis à la sicilienne

Ce qu'il vous faut

Pour 4 personnes

350 g de tortellinis
1 petite boîte de miettes de thon
5 tomates
2 gousses d'ail
1 cuillère à café de persil haché surgelé
1 cuillère à soupe d'huile d'olive
sel, poivre

Aux fourneaux !

* Faites cuire les pâtes dans une grande casserole d'eau bouillante salée.
* Ébouillantez les tomates jusqu'à ce que la peau commence à se décoller. Pelez-les, épépinez-les et coupez-les en dés.
* Pelez l'ail et coupez-le en petits morceaux.
* Égouttez les miettes de thon.
* Dans une poêle, faites revenir rapidement l'ail à l'huile d'olive. Ajoutez les tomates, puis les miettes de thon et le persil.
* Salez (légèrement à cause du thon) et poivrez.
* Laissez réduire cinq minutes à feu doux.
* Égouttez les pâtes lorsqu'elles sont cuites.
* Remettez-les dans la casserole avec la sauce et terminez la cuisson quelques instants à feu doux, en remuant bien.

Spaghettis à la mozzarella

Aux fourneaux !

* Faites cuire les pâtes dans une grande casserole d'eau bouillante salée.
* Lavez les tomates et coupez-les en dés.
* Coupez la mozzarella en dés.
* Épluchez et écrasez les gousses d'ail.
* Égouttez les pâtes lorsqu'elles sont cuites.
* Remettez-les dans la casserole avec les dés de tomates et de mozzarella, l'ail et le basilic.
* Salez, poivrez et versez l'huile d'olive.
* Terminez la cuisson à feu doux en remuant bienjusqu'à ce que le fromage commence à fondre.

Ce qu'il vous faut

Pour 4 personnes

350 g de spaghettis
2 boules de mozzarella
5 tomates
2 cuillères à café de basilic haché surgelé
2 gousses d'ail
1 cuillère à soupe d'huile d'olive
sel, poivre

Tagliatelles all'arrabiata

Ce qu'il vous faut

Pour 4 personnes

400 g de tagliatelles
1 tomate
2 cuillères à café de concentré de tomates
1 gousse d'ail
2 oignons
2 cuillères à soupe de parmesan râpé
1 cuillère à café de poudre de piment
1 cuillère à café d'huile d'olive
1 pincée d'herbes de Provence
sel, poivre

Aux fourneaux !

* Faites cuire les pâtes dans une grande casserole d'eau bouillante salée.
* Épluchez et émincez l'ail et les oignons. Faites-les revenir à la poêle avec l'huile d'olive.
* Mélangez le concentré de tomates dans un grand verre d'eau.
* Versez-le sur l'ail et les oignons.
* Salez, poivrez. Ajoutez le piment et les herbes de Provence.
* Laissez réduire cinq minutes à feu doux, en remuant de temps en temps.
* Lavez la tomate, épépinez-la et coupez-la en dés.
* Égouttez les pâtes lorsqu'elles sont cuites. Nappez-les de la sauce arrabiata et saupoudrez de parmesan.
* Décorez avec les dés de tomate.

Patate !

Longtemps considérées comme le plat du pauvre, elles restent aujourd'hui encore très bon marché... et sont devenues prétexte à mille et une folies.

Le hachis parmenthon de Julie

Ce qu'il vous faut

Pour 4 personnes

6 belles pommes de terre
2 boîtes de miettes de thon
20 cl de lait écrémé
60 g de gruyère râpé
sel, poivre

Aux fourneaux !

* Épluchez les pommes de terre et faites-les cuire une vingtaine de minutes dans une casserole d'eau bouillante.
* Lorsqu'elles sont bien cuites (la chair doit être tendre lorsque vous y enfoncez la pointe d'un couteau), écrasez-les à la fourchette.
* Versez le lait, ajoutez les miettes de thon et mélangez.
* Salez (légèrement car le thon est déjà salé) et poivrez.
* Versez le mélange thon-pommes de terre écrasées dans un plat et saupoudrez de gruyère râpé.
* Enfournez une dizaine de minutes à 200 °C, jusqu'à ce que le fromage soit gratiné.

La touche finale

Pour un repas complet, servez ce hachis avec une salade verte assaisonnée d'huile d'olive et de vinaigre balsamique.

Gratin dauphinois

Aux fourneaux !

* Épluchez les pommes de terre et coupez-les en minces rondelles (les plus fines possible).
* Épluchez les gousses d'ail et hachez-les grossièrement.
* Dans un saladier, mélangez le lait et la crème liquide.
* Salez et poivrez.
* Versez les pommes de terre et l'ail dans un plat à gratin.
* Recouvrez du mélange crème-lait.
* Saupoudrez de gruyère râpé.
* Enfournez une petite heure à 180 °C (vérifiez la cuisson avec la pointe d'un couteau : les pommes de terre doivent être fondantes).

Ce qu'il vous faut

Pour 4 personnes

700 g de pommes de terre
25 cl de lait
1 briquette de crème liquide
2 gousses d'ail
100 g de gruyère râpé
sel, poivre

Pommes de terre rôties aux herbes et au miel

Ce qu'il vous faut

Pour 4 personnes

10 petites pommes de terre
2 cuillères à soupe de miel liquide
1 cuillère à café de ciboulette hachée surgelée
1 grosse noix de beurre
gros sel, poivre au moulin

Aux fourneaux !

* Lavez soigneusement les pommes de terre en les brossant. Séchez-les bien.
* Coupez-les en quatre dans le sens de la longueur, sans les éplucher. Recoupez ces morceaux en deux, toujours dans le sens de la longueur.
* Beurrez un plat à gratin.
* Dans un bol, mélangez le miel liquide à la ciboulette, avec une cuillère à soupe d'eau.
* Poivrez légèrement.
* Trempez les quartiers de pommes de terre dans le miel et placez-les dans le plat à gratin.
* Parsemez les pommes de terre de gros sel.
* Enfournez une quarantaine de minutes à 200 °C.

l'astuce

Les pommes de terre doivent être caramélisées mais pas brûlées. Pensez donc à vérifier régulièrement la cuisson en enfonçant la pointe d'un couteau dans l'un des quartiers.

Paillassons de pommes de terre

Aux fourneaux !

* Épluchez les pommes de terre et râpez-les.
* Placez-les dans une passoire et pressez-les de façon à ôter un maximum de jus.
* Épluchez l'oignon et hachez-le.
* Battez les œufs en omelette.
* Salez et poivrez.
* Dans un saladier, mélangez les pommes de terre à l'oignon haché et aux œufs battus.
* Faites chauffer l'huile dans une poêle.
* Formez des petites galettes avec le mélange de pommes de terre râpées.
* Jetez-les dans l'huile et faites-les cuire à feu vif des deux côtés à feu moyen.
* Égouttez-les sur du papier absorbant.

Ce qu'il vous faut

Pour 4 personnes

6 grosses pommes de terre
2 œufs
1 petit oignon
3 cuillères à soupe d'huile d'arachide
sel, poivre

La touche finale

Avant de faire frire les galettes, vous pouvez ajouter un peu de persil à votre préparation. Servez avec une laitue assaisonnée d'une vinaigrette aux fines herbes.

Pommes sautées au persil et à l'ail

Ce qu'il vous faut

Pour 4 personnes

700 g de pommes de terre rattes
3 gousses d'ail
2 cuillères à soupe d'huile d'olive
2 cuillères à soupe de persil haché surgelé.
gros sel
poivre au moulin

Aux fourneaux !

* Lavez et essuyez soigneusement les rattes. Ne les pelez pas. Coupez-les en morceaux.
* Épluchez les gousses d'ail et coupez-les en petits morceaux.
* Faites chauffer l'huile dans une sauteuse.
* Jetez-y les rattes, puis les gousses d'ail.
* Faites dorer à feu vif les pommes de terre de tous les côtés en remuant régulièrement.
* Baissez le feu et poursuivez la cuisson en remuant régulièrement.
* Lorsque les pommes de terre sont cuites (vérifiez la cuisson avec la pointe d'un couteau), saupoudrez-les de persil et terminez la cuisson quelques minutes à feu doux en remuant de temps en temps pour éviter que le mélange n'attache.
* Au moment de servir, saupoudrez de gros sel et donnez un tour de moulin à poivre.

Tian de pommes de terre

Aux fourneaux !

* Épluchez les pommes de terre.
* Coupez-les en très fines rondelles.
* Épluchez les oignons et la gousse d'ail.
* Émincez les oignons.
* Coupez les olives en deux.
* Frottez d'ail un plat à gratin.
* Versez une cuillère à café d'huile d'olive au fond du plat et recouvrez d'un lit d'oignons.
* Ajoutez les pommes de terre.
* Répartissez les morceaux d'olives dans les pommes de terre.
* Salez et poivrez.
* Arrosez d'un filet d'huile d'olive et recouvrez le plat de papier aluminium.
* Enfournez 45 minutes à 200 °C.
* Retirez le papier aluminium et remuez les pommes de terre dans le plat.
* Enfournez à nouveau pendant environ 15 minutes (vérifiez la cuisson avec la pointe d'un couteau : les pommes de terre doivent être fondantes).

Ce qu'il vous faut

Pour 4 personnes

1 kg de pommes de terre
8 à 10 olives noires dénoyautées
2 oignons rouges
1 gousse d'ail
2 cuillères à café d'huile d'olive
sel, poivre

Pommes de terre boulangères

Ce qu'il vous faut

Pour 4 personnes

500 g de pommes de terre
100 g de lardons
2 oignons
1 cuillère à café de persil haché surgelé
1 cuillère à café d'huile d'olive
sel, poivre

Aux fourneaux !

* Épluchez les pommes de terre et coupez-les en très fines rondelles.
* Épluchez et émincez les oignons.
* Faites-les revenir à la poêle dans l'huile d'olive.
* Lorsqu'ils commencent à fondre, ajoutez les lardons et faites-les dorer.
* Arrêtez la cuisson et ajoutez le persil.
* Salez (très légèrement à cause des lardons) et poivrez.
* Déposez une couche de pommes de terre au fond d'un plat à gratin. Recouvrez du mélange oignons-lardons. Renouvelez l'opération jusqu'en haut du plat en terminant par une couche de pommes de terre.
* Versez un verre d'eau dans le plat de façon à recouvrir les pommes de terre.
* Enfournez une bonne trentaine de minutes à 210 °C (vérifiez la cuisson avec la pointe d'un couteau : les pommes de terre doivent être moelleuses).

Pommes de terre au bleu

Aux fourneaux !

* Épluchez les pommes de terre et coupez-les en très fines rondelles.
* Émiettez le bleu.
* Dans une casserole, faites chauffer doucement la crème liquide et le lait.
* Ajoutez les miettes de bleu et laissez le fromage fondre un peu sans cesser de remuer.
* Salez et poivrez.
* Beurrez le fond d'un plat à gratin.
* Disposez les pommes de terre et recouvrez de la crème au bleu.
* Mélangez bien, de façon à ce que la crème se répartisse uniformément sur les rondelles de pommes de terre.
* Enfournez une heure à 180 °C (vérifiez la cuisson avec la pointe d'un couteau : les pommes de terre doivent être moelleuses).

Ce qu'il vous faut

Pour 4 personnes

700 g de pommes de terre
80 g de bleu (bleu d'Auvergne, bleu des Causses...)
1 briquette de crème liquide
50 cl de lait écrémé
15 g de beurre
sel, poivre

Pommes de terre à l'indienne

Ce qu'il vous faut

Pour 4 personnes

6 grosses pommes de terre à chair ferme
2 oignons rouges
2 tomates
1 pomme verte
100 g de raisins secs
1/2 citron
2 cuillères à café de curry en poudre
1 cuillère à soupe d'huile d'olive
sel, poivre

Aux fourneaux !

* Épluchez les pommes de terre et faites-les cuire partiellement, en les plongeant dix minutes dans une casserole d'eau bouillante salée.
* Égouttez-les et laissez-les refroidir.
* Plongez les tomates dans une petite casserole d'eau bouillante, jusqu'à ce que la peau commence à se décoller.
Puis mettez-les dans l'eau froide et laissez-les refroidir.
* Pelez les tomates, épépinez-les et coupez-les en quatre.
* Pelez la pomme et coupez-la en dés.
* Coupez les pommes de terre en gros dés.
* Épluchez et émincez les oignons.
* Faites-les revenir à l'huile d'olive.
* Lorsqu'ils ont commencé à fondre, ajoutez les tomates, les morceaux de pomme, les raisins secs et les dés de pommes de terre.
* Salez, poivrez et saupoudrez de curry.
* Laissez mijoter une quinzaine de minutes à feu doux et à découvert.

Pommes de terre en salade à la ciboulette

Aux fourneaux !

* Épluchez les pommes de terre et faites-les cuire une vingtaine de minutes dans l'eau bouillante salée.
* Égouttez-les et laissez-les refroidir.
* Faites cuire les œufs une dizaine de minutes dans une casserole d'eau bouillante.
* Laissez-les refroidir, écalez-les, puis coupez-les en morceaux.
* Pelez et hachez l'échalote.
* Coupez les pommes de terre refroidies en dés.
* Dans un saladier, mélangez l'huile d'olive au vinaigre et à la moutarde. Ajoutez la ciboulette, puis l'échalote.
* Pour finir, ajoutez les pommes de terre et les œufs durs et mélangez délicatement pour que tous les ingrédients s'imprègnent de la sauce.

Ce qu'il vous faut

Pour 4 personnes

6 grosses pommes de terre
1 échalote
2 œufs
2 cuillères à soupe de ciboulette hachée surgelée
1 cuillère à soupe de vinaigre de vin
3 cuillères à soupe d'huile d'olive
1 cuillère à café de moutarde
sel, poivre

Pommes de terre à la brousse et aux herbes

Ce qu'il vous faut

Pour 4 personnes

4 belles pommes de terre
1 brousse (fromage corse)
1 échalote
2 cuillères à café de ciboulette hachée surgelée
1 trait d'huile d'olive
1 noix de beurre
sel, poivre au moulin

Aux fourneaux !

* Épluchez les pommes de terre et coupez-les en deux dans le sens de la longueur.
* Faites-les cuire une dizaine de minutes à l'eau bouillante salée (elles doivent rester assez fermes).
* Égouttez-les et laissez-les refroidir.
* Creusez-les à l'aide d'une petite cuillère.
* Épluchez l'échalote et hachez-la.
* Dans un saladier, mettez la brousse émiettée à la fourchette, l'échalote et la ciboulette hachées.
* Salez et poivrez.
* Farcissez les pommes de terre avec cette préparation.
* Beurrez le fond d'un plat à gratin et déposez les pommes de terre.
* Arrosez d'un trait d'huile d'olive.
* Enfournez une vingtaine de minutes à 200 °C.

Gâteau de pommes de terre

Aux fourneaux !

* Épluchez les pommes de terre et faites-les cuire une vingtaine de minutes à l'eau bouillante salée.
* Écrasez-les en purée dans un saladier à l'aide d'une fourchette.
* Incorporez peu à peu la farine, puis le lait.
* Ajoutez l'œuf et mélangez bien.
* Salez et poivrez.
* Étendez cette pâte au rouleau à pâtisserie (ou avec une bouteille en verre farinée) jusqu'à obtention d'une grosse galette.
* Coupez le beurre en petits morceaux et répartissez-les sur la galette.
* Enfournez une quinzaine de minutes à 220 °C (le gâteau doit être doré).

Ce qu'il vous faut

Pour 4 personnes

750 g de pommes de terre
70 g de farine
15 cl de lait
1 œuf
50 g de beurre
sel, poivre

Poêlée campagnarde

Ce qu'il vous faut

Pour 4 personnes

8 pommes de terre
2 oignons
1 petit sachet de lardons fumés (150 g)
400 g de champignons de Paris surgelés
1 cuillère à café de persil haché surgelé
1 filet d'huile d'arachide
gros sel, poivre au moulin

Aux fourneaux !

* Faites décongeler les champignons.
* Épluchez les pommes de terre.
* Faites-les cuire une vingtaine de minutes à l'eau bouillante salée.
* Égouttez-les et une fois refroidies coupez-les en dés.
* Épluchez les oignons et émincez-les.
* Faites-les revenir dans une sauteuse avec un peu d'huile.
* Ajoutez les lardons et faites-les griller légèrement.
* Ajoutez les champignons, puis les pommes de terre.
* Saupoudrez de persil haché et faites dorer l'ensemble en remuant de temps en temps pour éviter que le mélange n'attache.
* Saupoudrez de gros sel et poivrez juste avant de servir.

Pommes de terre à la mozzarella

Aux fourneaux !

* Lavez les pommes de terre et essuyez-les soigneusement.
* Placez-les au centre de quatre grandes feuilles de papier aluminium.
* Refermez les papillotes et enfournez une quarantaine de minutes à 200 °C (ouvrez l'une des papillotes et vérifiez la cuisson avec la pointe d'un couteau).
* Égouttez la mozzarella et coupez-la en tranches.
* Lorsque les pommes de terre sont cuites, ouvrez les papillotes.
* Découpez les pommes de terre en trois ou quatre lamelles verticales d'1/2 cm d'épaisseur sans aller jusqu'au bout.
* Intercalez les tranches de mozzarella entre les lamelles de pommes de terre.
* Salez, poivrez et saupoudrez de basilic.
* Arrosez d'un filet d'huile d'olive.
* Laissez les papillotes ouvertes et enfournez environ 5 minutes .

Ce qu'il vous faut

Pour 4 personnes

4 grosses pommes de terre
2 boules de mozzarella
1 cuillère à soupe de basilic haché surgelé
1 cuillère à café d'huile d'olive
sel, poivre

Flan de pommes de terre aux lardons

Ce qu'il vous faut

Pour 4 personnes

3 pommes de terre
2 œufs
1 petit sachet de lardons nature (150 g)
4 cuillères à soupe de crème fraîche
1 noisette de beurre
poivre

Aux fourneaux !

* Épluchez les pommes de terre et faites-les cuire une quinzaine de minutes dans l'eau bouillante salée (elles doivent rester assez fermes).
* Égouttez-les et laissez-les refroidir.
* Coupez les pommes de terre en minces rondelles.
* Battez les œufs en omelette. Ajoutez la crème fraîche et poivrez.
* Beurrez un plat à gratin.
* Disposez les pommes de terre et les lardons.
* Recouvrez de la préparation aux œufs.
* Enfournez 40 minutes à 180 °C.

Cinq fruits et légumes par jour

Trop chers les fruits et les légumes ? Pas forcément, si on utilise les produits de saison achetés en quantité raisonnable pour ne rien jeter.

Crumble de tomates au chèvre

Ce qu'il vous faut

Pour 4 personnes

1 kg de tomates
1 petit verre de quinoa
1 bûche de chèvre
1 bonne pincée d'herbes de Provence
sel, poivre

Aux fourneaux !

* Faites cuire le quinoa une quinzaine de minutes dans une casserole d'eau bouillante.
* Égouttez-le et réservez.
* Lavez les tomates et coupez-les en rondelles.
* Disposez-les dans un plat à gratin.
* Salez et poivrez.
* Saupoudrez les tomates d'herbes de Provence.
* Coupez la bûche de chèvre en rondelles et placez-les au-dessus des tomates.
* Recouvrez avec le quinoa.
* Enfournez une trentaine de minutes à 150 °C jusqu'à ce que les tomates commencent à confire.

Gratin de légumes d'été

Aux fourneaux !

* Lavez les légumes et coupez-les en petits dés.
* Pelez et émincez l'oignon et les gousses d'ail.
* Dans une sauteuse, faites fondre l'aubergine, la courgette, l'ail et l'oignon avec un peu d'huile d'olive.
* Saupoudrez d'herbes de Provence.
* Faites cuire les légumes à feu doux pendant une quinzaine de minutes.
* Dans un saladier, battez les œufs en omelette.
* Salez et poivrez.
* Ajoutez doucement la farine, puis le lait.
* Répartissez tous les légumes dans un plat à gratin et versez la préparation par-dessus.
* Enfournez une trentaine de minutes à 210 °C.

Ce qu'il vous faut

Pour 4 personnes

1/2 aubergine
2 petites tomates
1/2 courgette
1 oignon
2 gousses d'ail
4 œufs
20 cl de lait
3 cuillères à soupe de farine
1 pincée d'herbes de Provence
huile d'olive
sel poivre

l'astuce

Ajoutez un oignon, une gousse d'ail et deux tomates à la recette et faites cuire tous les légumes comme indiqué ci-dessus. S'il vous en reste, vous pourrez l'utiliser en sauce sur des pâtes par exemple.

Fondue de poireaux au curry de Nanne

Ce qu'il vous faut

Pour 4 personnes

6 poireaux
4 cuillères à soupe crème fraîche
2 cuillères à café de curry en poudre
1 cuillère à soupe d'huile d'olive
eau
sel, poivre

Aux fourneaux !

* Lavez soigneusement les poireaux.
* Retirez les trois quarts du vert.
* Coupez les poireaux en deux dans le sens de la longueur.
* Détaillez-les en tronçons d'un centimètre de long environ.
* Faites fondre les poireaux dans une sauteuse avec l'huile olive et un verre d'eau.
* Couvrez et laissez cuire une demi-heure.
* Lorsque les poireaux sont fondus, montez le feu et laissez l'eau s'évaporer presque complètement.
* Ajoutez le curry, puis la crème fraîche.
* Salez, poivrez et terminez la cuisson en remuant de temps en temps.

Curry d'aubergine

Aux fourneaux !

* Lavez les légumes et coupez-les en dés.
* Pelez et émincez l'ail et l'oignon.
* Dans une sauteuse, faites revenir les dés d'aubergine et de courgette dans un peu d'huile d'olive avec l'ail et l'oignon.
* Salez, poivrez et saupoudrez de curry.
* Baissez le feu, couvrez et laissez cuire à feu doux une vingtaine de minutes, jusqu'à ce que les légumes aient fondu.
* Lorsque les légumes sont cuits, passez-les au mixer et laissez refroidir la purée ainsi obtenue.
* Plongez les tomates dans une casserole d'eau bouillante jusqu'à ce que la peau commence à se décoller.
* Sortez-les et plongez-les dans un récipient d'eau froide.
* Épluchez-les et coupez-les en deux, puis retirez les pépins et aplatissez-les.
* Tapissez 4 ramequins de tomates.
* Remplissez de curry d'aubergine et couvrez chaque ramequin de film alimentaire.
* Placez plusieurs heures au réfrigérateur.
* Au moment de servir, démoulez délicatement en retournant les ramequins et arrosez d'un trait de vinaigre balsamique.

Ce qu'il vous faut

Pour 4 personnes

1 grosse aubergine
1 petite courgette
1 oignon
1 gousse d'ail
8 tomates
1 grosse pincée de curry en poudre
huile d'olive
vinaigre balsamique
sel, poivre

l'astuce

Vous pouvez servir le reste de curry d'aubergine avec des petits morceaux de pain grillé frottés à l'ail.

La purée aux vitamines de Clémentine

Ce qu'il vous faut

Pour 4 personnes

2 poireaux
1 oignon
1 navet
3 carottes
2 pommes de terre
3 cuillères à soupe de crème fraîche
1 cuillère à soupe d'huile d'olive
sel, poivre

Aux fourneaux !

* Épluchez les légumes et coupez-les en morceaux.
* Plongez-les dans une grande casserole d'eau bouillante (un litre et demi).
* Baissez-le feu, couvrez et laissez cuire une bonne heure.
* Égouttez les légumes en gardant un peu d'eau (l'équivalent d'un verre ou deux).
* Salez et poivrez.
* Ajoutez l'huile d'olive et la crème fraîche.
* Mixez le tout jusqu'à obtention d'une purée homogène.

La touche finale

Pour un repas sain et équilibré, présentez cette purée avec une viande blanche ou un poisson cuit à la vapeur.

Gratin d'épinards au chèvre

Aux fourneaux !

* Faites cuire les épinards.
* Dans un grand saladier, battez les œufs en omelette.
* Ajoutez la crème liquide et la muscade.
* Salez et poivrez.
* Ajoutez les épinards et remuez soigneusement.
* Versez la préparation dans un plat à gratin et enfournez une vingtaine de minutes à 200 °C.
* Coupez la bûche de chèvre en rondelles et déposez-les sur les épinards.
* Remettez au four une dizaine de minutes (le chèvre doit avoir fondu et commencer légèrement à gratiner).

Ce qu'il vous faut

Pour 4 personnes

700 g d'épinards hachés surgelés
1 bûche de fromage de chèvre
1 briquette de crème liquide (20 cl)
2 œufs
1 pincée de muscade en poudre
sel, poivre

l'astuce

Avec des proportions moindres (400 g d'épinards, 1 œuf et 10 cl de crème liquide), vous pouvez réaliser une tarte. Il suffit de verser la préparation sur une pâte brisée et d'y ajouter le chèvre.

Petits gratins de champignons au mascarpone

Ce qu'il vous faut

Pour 4 personnes

700 g de gros champignons de Paris frais
1 petite échalote
4 cuillères à soupe de mascarpone
1 œuf
100 g de gruyère râpé
20 g de beurre ou de margarine
sel, poivre

Aux fourneaux !

* Épluchez et émincez l'échalote.
* Nettoyez soigneusement les champignons et coupez-les en deux.
* Faites-les revenir à la poêle avec l'échalote dans le beurre ou la margarine.
* Dans un saladier, battez l'œuf en omelette.
* Ajoutez le mascarpone et la moitié du gruyère râpé.
* Salez et poivrez.
* Ajoutez les champignons et l'échalote.
* Mélangez soigneusement.
* Répartissez la préparation dans quatre ramequins (ou dans un plat à gratin).
* Saupoudrez du reste de gruyère râpé.
* Enfournez une vingtaine de minutes à 180 °C.

Curry de légumes

Aux fourneaux !

* Épluchez les pommes de terre, les carottes, l'ail et l'oignon.
* Effilez le céleri.
* Lavez l'aubergine et la courgette.
* Coupez tous les légumes en petits dés.
* Dans une sauteuse, faites chauffer l'huile d'olive.
* Faites suer tous les légumes pendant cinq minutes, en remuant souvent pour éviter qu'ils n'accrochent.
* Salez, poivrez et saupoudrez de curry.
* Diluez le concentré de tomates dans un grand verre d'eau et versez sur les légumes.
* Remuez bien, de façon à ce que tous les légumes s'imprègnent des épices.
* Baissez le feu et laissez mijoter une trentaine de minutes en remuant de temps en temps (ajoutez de l'eau au besoin si vous voyez que les légumes attachent).
* Rectifiez l'assaisonnement et servez.

Ce qu'il vous faut

Pour 4 personnes

2 pommes de terre
3 carottes
1 courgette
1 aubergine
1 branche de céleri
1 oignon
1 gousse d'ail
2 cuillères à soupe d'huile d'olive
2 cuillères à café de concentré de tomates
2 cuillères à café de curry en poudre
sel, poivre

l'astuce

Pour retirer facilement les fils sur les branches de céleri, cassez-en la base à la main. Recommencez l'opération quelques centimètres plus loin : il ne vous reste plus qu'à tirer la membrane.

Crumble d'endives au bleu

Ce qu'il vous faut

Pour 4 personnes

8 endives
70 g de bleu d'Auvergne
1 briquette de crème liquide
3 cuillères à soupe de chapelure
3 cuillères à soupe de poudre de noisettes
25 g de beurre
sel, poivre

Aux fourneaux !

* Lavez les endives et ôtez-en la base.
* Faites-les cuire une vingtaine de minutes dans une casserole d'eau bouillante.
* Égouttez-les soigneusement.
* Émiettez le bleu.
* Dans un petit saladier, mélangez la crème liquide aux miettes de fromage (gardez-en l'équivalent d'une cuillère à soupe).
* Salez et poivrez.
* Préparez la pâte à crumble dans un saladier en mélangeant la chapelure à la poudre de noisettes.
* Ajoutez le beurre ramolli, puis les miettes de bleu restantes.
* Malaxez bien avec les doigts.
* Déposez les endives dans un plat à gratin.
* Versez dessus la crème au bleu, puis saupoudrez de pâte à crumble.
* Enfournez une dizaine de minutes à 200 °C.

Flan de brocolis aux tomates

Aux fourneaux !

* Faites cuire les brocolis dans une grande casserole d'eau salée pendant cinq minutes.
* Égouttez-les.
* Dans un petit saladier, battez les œufs en omelette.
* Ajoutez la crème fraîche, puis la moitié du gruyère râpé.
* Salez et poivrez.
* Lavez les tomates et coupez-les en rondelles.
* Déposez les brocolis au fond d'un plat à gratin.
* Versez dessus le mélange œufs-crème.
* Recouvrez des rondelles de tomates.
* Parsemez du reste de gruyère râpé.
* Enfournez une vingtaine de minutes à 180 °C.

Ce qu'il vous faut

Pour 4 personnes

750 g de brocolis surgelés
4 tomates
2 œufs
5 cuillères à soupe de crème fraîche épaisse
100 g de gruyère râpé
sel, poivre

Tomates farcies végétariennes

Ce qu'il vous faut

Pour 4 personnes

8 tomates
2 cuillères à soupe de riz complet
2 cuillères à soupe de quinoa
1 carotte
1 courgette
1 filet d'huile d'olive
sel, poivre

Aux fourneaux !

* Lavez les tomates et évidez-les à l'aide d'une cuillère.
* Salez l'intérieur puis retournez-les sur une grille.
* Faites cuire le riz à l'eau bouillante.
* Faites cuire le quinoa une quinzaine de minutes dans une casserole d'eau bouillante.
* Égouttez le riz et le quinoa et laissez-les refroidir.
* Lavez la courgette et prélevez des tagliatelles, à l'aide d'un économe.
* Faites-les cuire cinq minutes à l'eau bouillante.
* Égouttez-les et coupez-les en morceaux.
* Épluchez et râpez la carotte.
* Dans un saladier, mélangez le quinoa, le riz, puis ajoutez les tagliatelles de courgette et la carotte râpée.
* Salez, poivrez et arrosez d'un filet d'huile d'olive.
* Farcissez les tomates de la préparation.
* Enfournez une quinzaine de minutes à 180 °C.

Purée de carottes au cumin

Aux fourneaux !

* Épluchez les carottes et les pommes de terre.
* Coupez-les en morceaux.
* Faites-les cuire une bonne vingtaine de minutes à l'eau bouillante (ou mieux à la vapeur, dix minutes dans un autocuiseur).
* Égouttez les légumes, en gardant l'équivalent de deux cuillères à soupe de jus de cuisson.
* Dans un saladier, écrasez les légumes à la fourchette, avec le jus de cuisson.
* Arrosez d'huile d'olive.
* Salez, poivrez et ajoutez la crème fraîche.
* Remuez bien.
* Saupoudrez de cumin et mélangez à nouveau.

Ce qu'il vous faut

Pour 4 personnes

1,5 kg de carottes
4 grosses pommes de terre
1 cuillère à café de cumin en poudre
1 cuillère à café d'huile d'olive
2 cuillères à soupe de crème fraîche

Risotto aux légumes croquants

Ce qu'il vous faut

Pour 4 personnes

300 g de riz arborio (riz rond spécial pour risotto)
300 g de julienne de légumes surgelée
10 cl de vin blanc sec
75 cl de bouillon de volaille chaud
1 cuillère à soupe de parmesan râpé
1 cuillère à soupe d'huile d'olive
sel, poivre

Aux fourneaux !

* Faites chauffer l'huile d'olive dans une poêle assez haute (type sauteuse) puis jetez-y le riz.
* Faites revenir à feu doux sans cesser de remuer, jusqu'à ce que les grains de riz deviennent translucides.
* Versez le vin blanc.
* Salez et poivrez.
* Remuez, puis laissez réduire sur feu doux.
* Lorsque le vin a été absorbé, versez une louche de bouillon sur le riz, puis remuez doucement avec une cuillère en bois.
* Ajoutez les légumes surgelés.
* Faites cuire à feu doux en ajoutant progressivement le bouillon, chaque fois qu'il a été absorbé par le riz.
* Remuez régulièrement le risotto afin que le mélange n'attache pas.
* Lorsque le riz est cuit, saupoudrez de parmesan et servez immédiatement.

Poêlée d'endives caramélisées

Aux fourneaux !

* Nettoyez les endives, ôtez les premières feuilles et le trognon.
* Émincez-les.
* Faites chauffer l'huile dans une sauteuse et faites revenir brièvement les endives.
* Lorsqu'elles commencent à fondre, mouillez avec un verre d'eau et baissez le feu. Faites cuire à découvert pendant une quinzaine de minutes en ajoutant de l'eau au besoin.
* Pelez la pomme et coupez-la en morceaux.
* Ajoutez-la aux endives avec le sucre et le vinaigre balsamique.
* Salez et poivrez.
* Poursuivez la cuisson à feu doux pendant une dizaine de minutes afin que les endives commencent à caraméliser.

Ce qu'il vous faut

Pour 4 personnes

6 endives
1 pomme rouge
1 cuillère à soupe de sucre
2 cuillères à soupe de vinaigre balsamique
1 cuillère à soupe d'huile d'olive
sel, poivre

La touche finale

Les endives ainsi préparées se marient à merveille avec une viande blanche.

Champignons farcis

Ce qu'il vous faut

Pour 4 personnes

500 g de gros champignons de Paris
1 grosse gousse d'ail
1 cuillère à soupe de persil haché surgelé
3 cuillères à soupe de chapelure
1 cuillère à café d'huile d'olive
1 noisette de beurre
sel, poivre

Aux fourneaux !

* Nettoyez les champignons.
* Séparez les pieds des têtes.
* Hachez les pieds.
* Épluchez et hachez l'ail.
* Faites fondre l'ail et les pieds de champignons hachés dans l'huile d'olive.
* Salez, poivrez et poursuivez la cuisson à feu doux pendant cinq minutes.
* Ajoutez le persil et la chapelure.
* Remplissez les têtes des champignons de la préparation.
* Placez-les dans un plat à gratin préalablement beurré.
* Enfournez une quinzaine de minutes à 200 °C.

Par ici la bonne soupe !

Elles sont à la fois très hydratantes, pleines de vitamines, idéales pour garder une silhouette de rêve… et simplissimes à préparer !

Velouté de potiron au cumin

Ce qu'il vous faut

Pour 4 personnes

1/4 de potiron
2 belles pommes de terre
1 briquette de crème liquide
10 g de beurre
1/2 cuillère à café de cumin en poudre
sel, poivre

La touche finale

Pour un joli contraste de couleurs, déposez un petit brin de persil sur le velouté, une fois que vous l'aurez saupoudré de cumin.

Aux fourneaux !

* Coupez le potiron en gros morceaux sans l'éplucher.
* Pelez les pommes de terre.
* Jetez les dés de potiron et les pommes de terre dans une casserole d'eau bouillante.
* Laissez-les cuire une vingtaine de minutes (jusqu'à ce que la chair soit tendre lorsque vous y enfoncez la pointe d'un couteau).
* Égouttez les légumes.
* Retirez la peau du potiron.
* Placez les légumes dans un saladier et versez la crème liquide.
* Salez et poivrez.
* Mixez jusqu'à obtention d'un velouté bien homogène.
* Répartissez la soupe fumante dans des bols ou des assiettes et saupoudrez de cumin.

Gazpacho

Aux fourneaux !

* Faites gonfler le pain dans un peu d'eau.
* Ébouillantez les tomates pour les peler plus facilement.
* Pelez et épépinez le concombre et les poivrons.
* Coupez-les en morceaux.
* Pelez l'oignon et la gousse d'ail.
* Mixez tous les légumes avec le pain et une cuillère à café d'huile d'olive.
* Salez et poivrez.
* Passez éventuellement la soupe ainsi obtenue au tamis afin d'en éliminer les résidus de peau et les pépins.
* Servez glacé.

Ce qu'il vous faut

Pour 4 personnes

1 kg de tomates bien mûres
1/2 concombre
2 poivrons rouges
1 gousse d'ail
1 petit oignon
1/4 de baguette rassise
huile d'olive
sel, poivre

La touche finale

Pour encore plus de fraîcheur, servez ce gazpacho avec un soupçon de menthe hachée que vous répartirez au dernier moment dans les bols.

Soupe de concombre aux herbes

Ce qu'il vous faut

Pour 4 personnes

1 gros concombre
4 yaourts nature
2 grosses cuillères à soupe de ciboulette hachée surgelée
2 ou 3 feuilles de menthe lavées et essorées
1 trait d'huile d'olive
1 trait de jus de citron
sel, poivre

Aux fourneaux !

* Lavez, pelez et épépinez le concombre.
* Coupez-le en gros dés.
* Mixez les morceaux de concombre avec les yaourts, les feuilles de menthe, l'huile d'olive et le jus de citron.
* Ajoutez la ciboulette.
* Salez, poivrez
* Servez glacé.

Soupe de lentilles au lard

Aux fourneaux !

* Épluchez et émincez l'oignon.
* Pelez la carotte et coupez-la en dés.
* Épluchez la pomme de terre et coupez-la en dés.
* Dans une cocotte, faites revenir rapidement l'oignon, la carotte et les lardons dans le beurre.
* Ajoutez la pomme de terre et les lentilles.
* Couvrez avec un litre et demi d'eau et portez à ébullition.
* Baissez le feu, couvrez et laissez mijoter une heure.
* Mixez le tout.
* Salez (légèrement à cause des lardons) et poivrez.
* Servez immédiatement.

Ce qu'il vous faut

Pour 4 personnes

150 g de lentilles blondes
1 sachet de lardons nature (200 g)
1 petite carotte
1 oignon
1 grosse pomme de terre
25 g de beurre
sel, poivre

Velouté de chou-fleur

Ce qu'il vous faut

Pour 4 personnes

1 chou-fleur
1 pomme de terre
1 briquette de crème liquide (20 cl)
100 g de gruyère râpé
1 pincée de noix de muscade râpée
sel, poivre

Aux fourneaux !

* Détaillez le chou-fleur en bouquets.
* Faites-le cuire à l'eau bouillante pendant une vingtaine de minutes.
* Épluchez la pomme de terre.
* Faites-la cuire à l'eau bouillante pendant une quinzaine de minutes.
* Égouttez la pomme de terre et le chou-fleur.
* Mixez le tout avec la crème liquide.
* Ajoutez un peu d'eau au besoin (si vous voyez que le mélange est trop épais)
* Versez dans une casserole.
* Ajoutez le gruyère et la noix de muscade râpés.
* Salez et poivrez.
* Poursuivez la cuisson quelques minutes à feu très doux sans cesser de remuer afin que le gruyère fonde uniformément.

Crème de tomates au basilic

Aux fourneaux !

* Plongez les tomates dans une casserole d'eau bouillante jusqu'à ce que la peau commence à se décoller.
* Égouttez-les et pelez-les.
* Coupez-les en deux et retirez les pépins.
* Épluchez la gousse d'ail et coupez-la en petits morceaux.
* Placez les tomates dans une casserole avec deux verres d'eau.
* Ajoutez le basilic, l'ail et le sucre.
* Salez et poivrez.
* Couvrez et faites cuire à feu doux pendant un quart d'heure.
* Mixez le tout (sans égoutter) avec le mascarpone et l'huile d'olive.
* Versez dans une casserole, rectifiez l'assaisonnement au besoin et terminez la cuisson quelques minutes à feu doux, sans cesser de remuer.

Ce qu'il vous faut

Pour 4 personnes

20 tomates assez grosses
1 gousse d'ail
2 cuillères à soupe de basilic haché surgelé
2 cuillères à soupe de mascarpone
1 cuillère à café de sucre en poudre
1 cuillère à soupe d'huile d'olive
sel, poivre

La touche finale

Au moment de servir, dessinez un petit cercle sur vos veloutés avec un peu de crème liquide et parsemez d'un peu de basilic haché.

Velouté de poireaux au curry

Ce qu'il vous faut

Pour 4 personnes

5 poireaux
3 grosses pommes de terre
1 petite cuillère à soupe d'huile d'olive
1 briquette de crème liquide
1 litre d'eau
1 cuillère à café de curry en poudre
sel, poivre

Aux fourneaux !

* Lavez soigneusement les poireaux.
* Coupez-les en tronçons.
* Épluchez les pommes de terre et coupez-les en gros morceaux.
* Placez les légumes dans une grande casserole et recouvrez-les d'eau.
* Portez à ébullition, puis baissez le feu, couvrez et laissez mijoter une bonne quarantaine de minutes.
* Mixez les légumes avec l'eau de cuisson, l'huile d'olive et la crème liquide.
* Salez et poivrez.
* Ajoutez de l'eau si nécessaire, en fonction de la consistance souhaitée.
* Versez le velouté dans une casserole, ajoutez le curry et terminez la cuisson à feu doux pendant une ou deux minutes.

La touche finale

Saupoudrez votre velouté d'un peu de curry en poudre et décorez-le d'une pointe de crème liquide, juste avant de servir.

Crème de mâche au fromage frais

Aux fourneaux !

* Épluchez les pommes de terre et coupez-les en morceaux.
* Dans une casserole, faites fondre légèrement les feuilles de mâche à feu très doux, avec un peu d'huile d'olive, sans cesser de remuer.
* Ajoutez les pommes de terre.
* Recouvrez les légumes d'eau et portez à ébullition.
* Baissez alors le feu, couvrez et laissez cuire une trentaine de minutes.
* À l'aide d'une cuillère à soupe, prélevez quatre quenelles dans le fromage frais. Réservez.
* Lorsque les légumes sont cuits, mixez-les avec l'eau de cuisson, la crème fraîche et le reste de fromage frais.
* Salez et poivrez.
* Servez immédiatement en déposant une quenelle de fromage sur chaque velouté.

Ce qu'il vous faut

Pour 4 personnes

2 barquettes de mâche (300 g)
3 pommes de terre
1 fromage frais type Petit Billy
75 cl d'eau
2 cuillères à soupe de crème fraîche
huile d'olive
sel, poivre

La touche finale

Pensez à réserver quelques feuilles de mâche que vous déposerez sur les quenelles de fromage frais, au moment de servir.

Velouté de courgettes safrané

Ce qu'il vous faut

Pour 4 personnes

600 g de courgettes
2 pommes de terre
5 cuillères à soupe de crème fraîche
2 capsules de poudre de safran
sel, poivre

Aux fourneaux !

* Lavez les courgettes et coupez-les en rondelles.
* Épluchez les pommes de terre et coupez-les en morceaux.
* Placez les légumes dans une casserole et recouvrez-les d'eau.
* Portez à ébullition et laissez cuire une bonne vingtaine de minutes.
* Mixez les légumes avec leur eau de cuisson et la crème fraîche.
* Salez, poivrez et ajoutez la poudre de safran.
* Faites réchauffer à feu doux ce velouté avant de servir.

l'astuce

C'est l'eau de cuisson des légumes qui contient le plus de minéraux et de vitamines. Pensez donc à la conserver, quitte à consommer le surplus en bouillon.

Crème de légumes verts

Aux fourneaux !

* Lavez les courgettes et coupez-les en tronçons.
* Épluchez les pommes de terre et coupez-les en morceaux.
* Lavez le poireau et émincez-le.
* Placez tous les légumes dans une casserole (y compris les haricots verts encore congelés) et recouvrez-les d'eau.
* Portez à ébullition et laissez cuire une trentaine de minutes.
* Mixez les légumes avec leur eau de cuisson et la crème fraîche.
* Salez et poivrez.

Ce qu'il vous faut

Pour 4 personnes

2 courgettes
2 pommes de terre
1 poireau
200 g de haricots verts surgelés
2 cuillères à soupe de crème fraîche
sel, poivre

La touche finale

Servez avec des croûtons frottés à l'ail.

Soupe à l'oignon

Ce qu'il vous faut

Pour 4 personnes

6 oignons
20 g de beurre
1 cuillère à soupe d'huile d'olive
1 cuillère à soupe de farine
1 litre d'eau
sel, poivre

Aux fourneaux !

* Épluchez et émincez les oignons.
* Faites-les blondir dans une cocotte avec le beurre et l'huile d'olive.
* Saupoudrez de farine et remuez bien.
* Versez l'équivalent d'un verre d'eau et remuez à nouveau, pour éviter la formation de grumeaux.
* Mouillez peu à peu avec l'eau restante et portez à ébullition.
* Salez et poivrez.
* Baissez le feu, couvrez et laissez cuire une trentaine de minutes.

La touche finale

Servez avec des tartines de pain grillées sur lesquelles vous aurez fait gratiner du gruyère râpé.

Velouté de carottes au curry

Aux fourneaux !

* Épluchez les pommes de terre et les carottes.
* Coupez-les en morceaux.
* Placez les légumes dans une casserole et recouvrez-les d'un litre d'eau.
* Portez à ébullition.
* Pressez le demi-citron et ajoutez-le aux légumes.
* Salez, poivrez et baissez le feu.
* Laissez cuire une trentaine de minutes à couvert.
* Mixez les légumes avec leur eau de cuisson et la crème fraîche.
* Ajoutez le curry et faites réchauffer au besoin.

Ce qu'il vous faut

Pour 4 personnes

700 g de carottes
3 grosses pommes de terre
1 litre d'eau
1/2 citron
3 cuillères à soupe de crème fraîche
1 cuillère à soupe de curry en poudre
sel, poivre

Soupe vichyssoise

Ce qu'il vous faut

Pour 4 personnes

1 oignon
4 blancs de poireaux
3 pommes de terre
1 litre d'eau
1 cube de bouillon de poule
2 cuillères à soupe de crème fraîche
2 cuillères à café de ciboulette hachée surgelée
1 petite cuillère à soupe d'huile d'olive
sel, poivre

Aux fourneaux !

* Portez un litre d'eau à ébullition et faites-y dissoudre le cube de bouillon de poule.
* Épluchez les pommes de terre et coupez-les en gros dés.
* Épluchez et émincez l'oignon.
* Nettoyez les blancs de poireaux et coupez-les en petits morceaux.
* Faites rapidement rissoler l'oignon et les blancs de poireaux dans l'huile d'olive.
* Ajoutez les pommes de terre.
* Mouillez avec le bouillon et portez à ébullition.
* Baissez le feu et laissez mijoter une trentaine de minutes à découvert.
* Mixez avec la crème fraîche et la ciboulette.
* Poivrez et salez au besoin (le bouillon de poule est déjà très salé).

Soupe d'épinards au fromage

Aux fourneaux !

* Nettoyez soigneusement les épinards.
* Placez-les dans une casserole et recouvrez-les d'eau. Portez à ébullition.
* Baissez le feu et laissez cuire une bonne dizaine de minutes.
* Égouttez les épinards et réservez l'eau de cuisson.
* Mixez-les. Remettez-les dans la casserole avec l'eau de cuisson et portez-les de nouveau à ébullition.
* Baissez le feu.
* Battez l'œuf en omelette. Ajoutez du sel, du poivre et une pincée de noix de muscade.
* Ajoutez l'œuf aux épinards sans cesser de remuer afin de bien lier la soupe.
* Pour finir, ajoutez le gruyère râpé et continuez à remuer, jusqu'à ce que le fromage soit fondu.

Ce qu'il vous faut

Pour 4 personnes

700 g d'épinards frais
1 grosse pomme de terre
1 œuf
6 cuillères à soupe de gruyère râpé
4 cuillères à soupe de beurre
1 pincée de noix de muscade
sel, poivre

Crème de champignons

Ce qu'il vous faut

Pour 4 personnes

700 g de champignons de Paris
2 oignons
1 briquette de crème liquide
1 cuillère à café de persil haché surgelé
1 cuillère à soupe d'huile d'olive
sel, poivre

Aux fourneaux !

* Nettoyez les champignons et coupez-les en lamelles.
* Pelez et émincez les oignons.
* Faites-les revenir à l'huile d'olive, avec les champignons.
* Salez, poivrez et saupoudrez de persil.
* Mouillez avec un demi-verre d'eau.
* Laissez mijoter une quinzaine de minutes à feu très doux.
* Mixez les champignons avec la crème liquide.
* Versez cette crème de champignons dans une casserole et réchauffez quelques instants à feu doux.

La touche finale

Au moment de servir, décorez votre velouté de quelques champignons que vous n'aurez pas mixés et d'un peu de persil haché.

Des p'tits plats dans les grands

Ils font souvent leur petit effet... alors qu'il n'y a qu'à les laisser mijoter et qu'ils sont à base de produits bon marché.

Tajine de poulet aux pruneaux

Ce qu'il vous faut

Pour 4 personnes

4 cuisses de poulet
12 pruneaux dénoyautés
1 oignon
1 échalote
1 cuillère à café de coriandre hachée
1 cuillère à café de mélange Cinq Épices en poudre
1 cuillère à soupe d'huile d'olive
sel, poivre

Aux fourneaux !

* Dans une sauteuse, faites dorer les cuisses de poulet dans un peu d'huile d'olive.
* Épluchez et hachez l'oignon et l'échalote.
* Ajoutez-les au poulet et faites-les revenir quelques minutes.
* Salez, poivrez.
* Saupoudrez du mélange Cinq Épices.
* Recouvrez d'eau et ajoutez les pruneaux.
* Baissez le feu, couvrez et laissez cuire 45 minutes à feu doux, en rectifiant l'assaisonnement au besoin.
* Quelques minutes avant de servir, ajoutez la coriandre.
* Présentez votre tajine accompagné de semoule.

Risotto aux cèpes et au bacon

Aux fourneaux !

* Épluchez et émincez l'échalote.
* Faites chauffer l'huile d'olive dans une poêle assez haute (type sauteuse) puis jetez-y l'échalote émincée.
* Faites-la dorer.
* Ajoutez le riz et faites-le revenir à feu doux sans cesser de remuer, jusqu'à ce que les grains de riz deviennent translucides.
* Versez le vin blanc, salez et poivrez.
* Lorsque le vin a été absorbé, versez une louche de bouillon.
* Faites cuire à feu doux en ajoutant progressivement le bouillon, chaque fois qu'il a été absorbé par le riz.
* Nettoyez les cèpes et coupez-les en deux.
* Faites-les sauter dans un peu d'huile d'olive pendant cinq minutes environ en surveillant, pour éviter qu'ils n'attachent.
* Coupez le bacon en lanières.
* Faites-le griller rapidement à la poêle.
* Lorsque le riz est cuit, ajoutez les champignons, le bacon et le persil.
* Remuez délicatement et poursuivez la cuisson pendant une ou deux minutes en remuant de temps en temps.
* Saupoudrez de parmesan juste avant de servir.

Ce qu'il vous faut

Pour 4 personnes

300 g de riz arborio (riz rond spécial pour risotto)
200 g de cèpes
1 échalote
60 cl de bouillon de volaille
20 cl de vin blanc sec
4 fines tranches de bacon
1 cuillère à soupe de parmesan râpé
2 cuillères à soupe d'huile d'olive
1 cuillère à café de persil haché surgelé
sel, poivre

Filet mignon sucré salé

Ce qu'il vous faut

Pour 4 personnes

1 filet mignon de porc
20 g de margarine
1 grosse boîte de champignons de Paris
16 pruneaux dénoyautés
16 abricots secs
1 oignon
sel, poivre

Aux fourneaux !

* Épluchez et émincez l'oignon.
* Faites fondre la margarine dans une sauteuse.
* Faites-y revenir le filet mignon sur toutes ses faces.
* Ajoutez l'oignon.
* Versez deux verres d'eau et baissez le feu.
* Ajoutez les pruneaux et les abricots.
* Salez et poivrez.
* Couvrez et laissez cuire une bonne vingtaine de minutes en ajoutant de l'eau très régulièrement, de manière à ce que la viande et les légumes soient recouverts.
* Cinq minutes avant la fin de la cuisson, égouttez les champignons et versez-les dans la sauteuse.
* Couvrez et laissez réduire quelques minutes.

La touche finale

Ce filet mignon sera délicieux servi avec un peu de riz ou de semoule safranés.

Saucisses aux lentilles

Aux fourneaux !

* Épluchez et émincez grossièrement l'oignon.
* Plongez-le avec les lentilles dans une grande casserole d'eau froide.
* Salez, poivrez et ajoutez le bouquet garni.
* Portez à ébullition, puis baissez le feu.
* Couvrez et laissez cuire une dizaine de minutes.
* Ajoutez les saucisses et laissez mijoter le tout pendant une demi-heure environ.

Ce qu'il vous faut

Pour 4 personnes

400 g de lentilles vertes
1 oignon
2 saucisses de Morteaux
1 bouquet garni
sel, poivre

Boudin aux pommes

Ce qu'il vous faut

Pour 4 personnes

4 boudins noirs
8 pommes reinettes
1/2 citron
75 g de beurre
sel, poivre

Aux fourneaux !

* Pressez le demi-citron.
* Pelez les pommes, coupez-les en quartiers et ôtez-en le cœur et les pépins.
* Coupez les quartiers en deux et citronnez-les légèrement.
* Faites fondre la moitié du beurre dans une poêle et faites dorer les quartiers de pommes en les retournant régulièrement.
* Piquez le boudin avec la pointe d'un couteau pour éviter qu'il n'éclate à la cuisson.
* Faites fondre le reste de beurre dans une seconde poêle et déposez les boudins.
* Laissez-les cuire une dizaine de minutes en les retournant souvent.
* Réunissez les pommes et les boudins dans une même poêle.
* Salez, poivrez et terminez la cuisson à feu doux une ou deux minutes.

Bœuf aux carottes

Aux fourneaux !

* Épluchez l'ail, l'oignon et les carottes.
* Émincez l'ail et les oignons.
* Coupez les carottes en rondelles.
* Dans une sauteuse, faites dorer la viande, l'ail et les oignons dans l'huile d'olive.
* Ajoutez les carottes.
* Salez, poivrez et saupoudrez de cumin.
* Recouvrez la viande et les légumes avec le bouillon et portez à ébullition.
* Ajoutez le bouquet garni.
* Aux premiers bouillons, baissez le feu, couvrez et laissez mijoter pendant 1 heure 30.

Ce qu'il vous faut

Pour 4 personnes

400 g de bœuf (basse côte)
1,5 kg de carottes
3 oignons
50 cl de bouillon de bœuf
1 gousse d'ail
1 bouquet garni
1/2 cuillère à café de cumin en poudre
2 cuillères à soupe d'huile d'olive
sel, poivre

Paella au chorizo

Ce qu'il vous faut

Pour 4 personnes

230 g de riz
60 g de chorizo
2 oignons
1 poivron vert
1 poivron rouge
1 cuillère à soupe d'huile d'olive
2 cuillères à café d'épices en poudre Mélange paella ou Mélange espagnol (vendus au rayon épices)
sel, poivre

Aux fourneaux !

* Lavez et épépinez les poivrons, puis coupez-les en lanières.
* Épluchez et émincez les oignons.
* Coupez le chorizo en rondelles.
* Dans une poêle, faites revenir les oignons et les poivrons à l'huile d'olive.
* Faites cuire le riz dans une casserole d'eau bouillante.
* Égouttez-le.
* Ajoutez-le aux légumes.
* Salez, poivrez, puis ajoutez le mélange d'épices.
* Ajoutez les rondelles de chorizo.
* Terminez la cuisson à feu très doux pendant quelques minutes sans cesser de remuer.

Sauté de dinde à la provençale

Aux fourneaux !

* Lavez et épépinez les poivrons.
* Coupez-les en lanières.
* Lavez la courgette et coupez-la en rondelles.
* Pelez les pommes de terre et coupez-les en dés.
* Épluchez et émincez l'ail et les oignons.
* Dans une sauteuse, faites revenir la viande, les poivrons et les oignons dans l'huile d'olive.
* Diluez le concentré de tomates dans 25 cl d'eau.
* Versez la farine sur la viande, les poivrons et les oignons.
* Mélangez bien et mouillez avec le concentré de tomates dilué sans cesser de remuer.
* Ajoutez les autres légumes et le bouquet garni.
* Salez et poivrez.
* Baissez le feu, couvrez et laissez mijoter une trentaine de minutes en remuant de temps en temps.

Ce qu'il vous faut

Pour 4 personnes

8 petits morceaux de sauté de dinde
4 pommes de terre
2 oignons
2 gousses d'ail
1 poivron vert
1 poivron jaune
1 courgette
2 cuillères à soupe de concentré de tomates
1 cuillère à soupe de farine
1 bouquet garni
2 cuillères à soupe d'huile d'olive
sel, poivre

Blanquette de dinde forestière

Ce qu'il vous faut

Pour 4 personnes

4 blancs de dinde
1 échalote
2 oignons
400 g de champignons de Paris
1 petit pot de crème fraîche
20 g de beurre ou de margarine
1 petit bouquet garni
3 cuillères à soupe de vin blanc sec
1 petit verre d'eau
sel, poivre

Aux fourneaux !

* Coupez les blancs de dinde en morceaux.
* Pelez et émincez les oignons.
* Épluchez et hachez l'échalote.
* Faites fondre le beurre (ou la margarine) dans une grande poêle.
* Faites dorer les oignons et les morceaux de dinde.
* Ajoutez l'échalote hachée et mouillez avec le vin blanc.
* Portez à ébullition, puis baissez le feu.
* Ajoutez le bouquet garni, salez et poivrez.
* Mouillez avec le verre d'eau et faites cuire à couvert pendant dix minutes.
* Pendant ce temps, nettoyez les champignons et coupez-les en épaisses lamelles.
* Ajoutez-les à la viande avec la crème fraîche et poursuivez la cuisson à feu doux et à découvert pendant dix minutes environ.

Légumes farcis

Aux fourneaux !

* Épluchez et émincez l'échalote.
* Faites-la revenir à l'huile d'olive avec les steaks hachés.
* Émiettez la viande au fur et à mesure de la cuisson, de manière à obtenir un hachis.
* Ajoutez les tomates concassées.
* Salez, poivrez et saupoudrez d'herbes de Provence.
* Lavez les légumes.
* Coupez la courgette en deux dans le sens de la longueur.
* Recoupez-la en deux, dans le sens de la largeur cette fois, de manière à obtenir quatre tronçons.
* Procédez de la même manière pour l'aubergine.
* Creusez tous les légumes à l'aide d'une petite cuillère afin d'en retirer les pépins.
* Farcissez les légumes du mélange steaks hachés, tomates concassées et échalote.
* Placez-les dans un plat à gratin.
* Enfournez une quarantaine de minutes à 200 °C.

Ce qu'il vous faut

Pour 4 personnes

2 steaks hachés
1 grosse courgette
1 aubergine
4 tomates
1 échalote
2 cuillères à soupe de tomates concassées (en boîte)
1 bonne pincée d'herbes de Provence
1 cuillère à café d'huile d'olive
sel, poivre

l'astuce

Vous pouvez remplacer les steaks hachés par un reste de viande que vous aurez haché vous-même.

Médaillons de porc aux pruneaux

Ce qu'il vous faut

Pour 4 personnes

1 filet mignon de porc
2 oignons
10 pruneaux dénoyautés
1 petite boîte de champignons de Paris
1 bouquet garni
25 g de beurre ou de margarine
sel, poivre

Aux fourneaux !

* Épluchez et hachez les oignons.
* Faites fondre le beurre ou la margarine dans une sauteuse.
* Faites-y griller le filet mignon sur toutes ses faces.
* Ajoutez les oignons hachés et faites-les revenir quelques minutes.
* Mouillez avec un verre d'eau.
* Salez, poivrez. Ajoutez le bouquet garni et baissez le feu.
* Laissez cuire à découvert pendant cinq minutes.
* Ajoutez les pruneaux et un autre verre d'eau.
* Couvrez et laissez mijoter pendant une quinzaine de minutes.
* Ajoutez enfin les champignons soigneusement égouttés et terminez la cuisson pendant cinq minutes environ.
* Coupez le filet mignon en médaillons et servez-les entourés des pruneaux et des champignons.

Magret de canard aux groseilles

Aux fourneaux !

* Incisez le gras du canard en faisant des losanges sans entamer la chair.
* Placez le magret côté peau dans une sauteuse.
* Faites fondre le gras.
* Ôtez le magret de la sauteuse et réservez le temps de jeter la graisse.
* Remettez le canard côté chair et laissez cuire à feu moyen suivant votre goût.
* Salez et poivrez (généreusement) la viande.
* Épluchez la gousse d'ail.
* Dans une petite casserole, faites fondre à feu doux la gelée de groseilles avec la gousse d'ail et le vinaigre.
* Ajoutez un soupçon de cannelle.
* Laissez la sauce chauffer ainsi quelques minutes (en veillant à ce qu'elle ne bout pas).
* Retirez la gousse d'ail au moment de servir.
* Coupez la viande en morceaux et nappez-la de la sauce ainsi obtenue.

Ce qu'il vous faut

Pour 4 personnes

1 magret de canard
1 tasse de gelée de groseilles
1 cuillère à café de vinaigre de vin
1 gousse d'ail
1 pincée de cannelle en poudre
sel, poivre

La touche finale

Servez avec des pommes de terre grossièrement écrasées.

Porc sauté à l'ananas

Ce qu'il vous faut

Pour 4 personnes

600 g de sauté de porc
2 oignons
1 poivron rouge
une petite boîte d'ananas en tranches (350 g)
2 petits bocaux de pousses de soja (350 g)
1 cuillère à soupe de sauce soja
1 cuillère à soupe d'huile d'olive
poivre

Aux fourneaux !

* Égouttez les pousses de soja et les tranches d'ananas.
* Coupez l'ananas en dés.
* Épluchez et émincez les oignons.
* Lavez et épépinez le poivron. Coupez-le en dés.
* Dans une sauteuse, faites revenir la viande et les oignons dans l'huile d'olive.
* Ajoutez les dés de poivron.
* Lorsque l'ensemble est bien doré, ajoutez les dés d'ananas et la sauce soja.
* Poivrez.
* Mouillez avec deux grands verres d'eau et laissez cuire à feu doux et à couvert pendant une quarantaine de minutes (en rajoutant un peu d'eau si nécessaire).
* Ajoutez les pousses de soja.
* Terminez la cuisson pendant cinq minutes environ en remuant de temps en temps.

Colombo de poulet

Aux fourneaux !

* Coupez le poulet en morceaux.
* Épluchez les pommes de terre et faites les cuire 15 minutes dans une casserole d'eau bouillante (elles ne doivent pas être totalement cuites).
* Égouttez-les, épluchez-les et coupez-les en gros dés.
* Pelez les tomates et coupez-les en morceaux.
* Épluchez l'ail et les oignons.
* Émincez les oignons et écrasez les gousses d'ail.
* Dans une sauteuse, faites revenir le poulet et les oignons dans l'huile d'olive.
* Ajoutez l'ail, puis les tomates.
* Salez, poivrez et saupoudrez de colombo.
* Baissez le feu, couvrez et laissez mijoter une bonne trentaine de minutes.
* Cinq minutes avant la fin de la cuisson, ajoutez les pommes de terre.

Ce qu'il vous faut

Pour 4 personnes

3 blancs de poulet
2 grosses pommes de terre
4 gousses d'ail
3 oignons
1 grosse boîte de tomates pelées
2 cuillères à soupe d'épices à colombo
1 cuillère à soupe d'huile d'olive
sel, poivre

Lapin au cidre

Ce qu'il vous faut

Pour 4 personnes

1 lapin coupé en morceaux
3 échalotes
75 cl de cidre brut
40 g de beurre ou de margarine
1 bouquet garni
sel, poivre

Aux fourneaux !

* Épluchez et émincez les échalotes.
* Faites fondre le beurre ou la margarine dans une sauteuse.
* Faites-y dorer les morceaux de lapin sur toutes leurs faces avec les échalotes émincées.
* Saupoudrez de farine et remuez.
* Versez le cidre petit à petit. Mélangez bien.
* Salez, poivrez et ajoutez le bouquet garni.
* Baissez le feu et laissez mijoter à couvert pendant 1 heure 30.

Spécial carnivores

Indispensable pour prendre des forces et rester en bonne santé, la viande n'est pas réservée qu'au seul déjeuner du dimanche chez papa et maman.

Poulet sauté aux noix de cajou

Ce qu'il vous faut

Pour 4 personnes

3 belles escalopes de poulet
1 poivron rouge
1 poivron vert
20 g de noix de cajou
1 cuillère à soupe de sauce soja
1 cuillère à soupe de miel liquide
poivre
huile d'olive

Aux fourneaux !

* Émincez le poulet en aiguillettes.
* Mélangez-le au soja et au miel liquide.
* Poivrez, recouvrez de film alimentaire et laissez la viande mariner au moins une heure au réfrigérateur.
* Lavez et épépinez les poivrons.
* Coupez-les en lanières.
* Dans une sauteuse ou dans un wok, faites sauter rapidement les lanières de poivron dans un peu d'huile d'olive.
* Ajoutez les lamelles de poulet et faites-les dorer.
* Ajoutez un petit verre d'eau et laissez cuire à feu doux une dizaine de minutes en rectifiant l'assaisonnement.
* Ajoutez les noix de cajou au dernier moment et finissez doucement la cuisson pendant une ou deux minutes.

Sauté de porc à la sauce aigre douce

Aux fourneaux !

* Dans une sauteuse ou un wok, faites revenir brièvement les morceaux de viande dans un peu d'huile d'olive.
* Épluchez l'oignon, émincez-le.
* Ajoutez-le à la viande, laissez-le fondre quelques minutes et mouillez avec un grand verre d'eau.
* Baissez le feu, couvrez et laissez cuire une quinzaine de minutes en ajoutant éventuellement de l'eau pour éviter que cela attache.
* Saupoudrez les morceaux de viande de sucre en poudre et laissez-les caraméliser.
* Pressez les deux citrons.
* Arrosez la viande du jus ainsi obtenu et ajoutez la sauce soja.
* Poivrez et mélangez délicatement de manière à ce que les morceaux de viande s'imprègnent bien de la sauce.
* Terminez la cuisson quelques minutes à feu doux en remuant de temps en temps.

Ce qu'il vous faut

Pour 4 personnes

8 petits morceaux de sauté de porc
1 oignon
1 citron jaune
1 citron vert
3 cuillères à soupe de sucre en poudre
1 cuillère à café de sauce soja
huile d'olive
poivre au moulin

Poulet aux olives

Ce qu'il vous faut

Pour 4 personnes

4 cuisses de poulet
100 g d'olives noires dénoyautées
2 beaux oignons roses
1 gousse d'ail
1 cuillère à soupe de farine
1/2 cuillère à café d'herbes de Provence
2 cuillères à soupe d'huile d'olive
1/2 verre de vin blanc sec
~~**farine**~~
sel, poivre

Aux fourneaux !

* Épluchez et émincez les oignons et l'ail.
* Dans une sauteuse, faites dorer les cuisses de poulet à l'huile d'olive.
* Ajoutez l'ail et les oignons.
* Faites revenir quelques instants, puis saupoudrez le poulet de farine.
* Mouillez avec le vin blanc.
* Salez, poivrez, ajoutez les herbes de Provence, puis les olives.
* Ajoutez un verre d'eau.
* Baissez le feu, couvrez et laissez mijoter une trentaine de minutes (en ajoutant de l'eau au besoin pour éviter que cela attache).

La touche finale

Servez avec des petits bols de semoule parfumée au curry.

Aiguillettes de veau à la moutarde

Aux fourneaux !

* Épluchez et hachez l'échalote.
* Coupez les escalopes en fines lanières.
* Faites les dorer dans une poêle, avec la margarine et l'échalote hachée.
* Salez, poivrez et ajoutez un demi-verre d'eau.
* Couvrez et laissez cuire une dizaine de minutes à feu doux.
* Ajoutez la crème fraîche et laissez réduire quelques instants.
* Ajoutez la moutarde et finissez la cuisson sans cesser de remuer.

Ce qu'il vous faut

Pour 4 personnes

4 fines escalopes de veau
1 échalote
1 petit pot de crème fraîche
20 g de margarine
2 cuillères à soupe de moutarde à l'ancienne
sel, poivre

l'astuce

Si vous n'avez pas d'escalopes fines, aplatissez-les avec un rouleau à pâtisserie.

Steaks au confit d'oignons

Ce qu'il vous faut

Pour 4 personnes

4 steaks hachés
700 g d'oignons jaunes
100 g de sucre en poudre
1 bouquet garni
1 petit verre de vin rouge
100 g de raisins secs
25 g de margarine
sel, poivre

Aux fourneaux !

* Épluchez et émincez les oignons.
* Faites-les fondre dans la margarine une quinzaine de minutes à feu doux (ajoutez un peu d'eau au besoin, pour éviter qu'ils n'accrochent).
* Lorsqu'ils sont parfaitement fondants, ajoutez le sucre et remuez bien.
* Ajoutez les raisins secs et le bouquet garni.
* Salez et poivrez.
* Versez le vin rouge et laissez cuire à feu doux pendant une quinzaine de minutes.
* Faites cuire les steaks à votre convenance (saignants, bleus ou à point).
* Servez-les avec le confit d'oignons.

Aiguillettes de dinde à la chinoise

Aux fourneaux !

* Lavez et épépinez les poivrons, puis coupez-les en lanières.
* Épluchez et émincez l'oignon.
* Détaillez les blancs de dinde en lanières.
* Dans une sauteuse, faites revenir les oignons, les poivrons et la viande à l'huile d'olive.
* Lorsqu'ils commencent à colorer, mouillez avec un verre d'eau.
* Baissez le feu et laissez cuire 15 minutes (en ajoutant de l'eau au besoin, si vous voyez que cela attache).
* Rincez et égouttez les pousses de soja.
* Ajoutez-les au poulet et aux légumes.
* Poivrez et versez la sauce soja.
* Terminez la cuisson à feu doux pendant quelques minutes en remuant régulièrement.

Ce qu'il vous faut

Pour 4 personnes

3 blancs de dinde
1 oignon
1 poivron vert
1 poivron rouge
1 cuillère à soupe d'huile d'olive
1 cuillère à soupe de sauce soja
1 boîte de pousses de soja (200 g)
poivre

Ailes de poulet texanes

Ce qu'il vous faut

Pour 4 personnes

12 ailes de poulet
1 gousse d'ail
6 cuillères à soupe de ketchup
1 cuillère à café de miel liquide
quelques gouttes de Tabasco
sel

Aux fourneaux !

* Épluchez et écrasez la gousse d'ail.
* Dans un bol, mélangez le ketchup au miel liquide.
* Ajoutez la gousse d'ail écrasée.
* Versez quelques gouttes de Tabasco, à votre convenance.
* Salez.
* Enduisez les ailes de poulet de la sauce ainsi obtenue.
* Placez-les dans un plat allant au four et nappez-les avec le reste de la sauce.
* Recouvrez de film alimentaire et laissez mariner une heure au réfrigérateur.
* Retirez le film alimentaire et réenduisez les ailes de poulet de sauce sur toutes leurs faces.
* Enfournez une quarantaine de minutes à 180 °C.

Aiguillettes de dinde au parmesan

Aux fourneaux !

* Coupez les blancs de dinde en lanières.
* Dans un bol, mélangez le parmesan, la chapelure et les herbes de Provence.
* Battez les jaunes d'œufs.
* Salez et poivrez.
* Versez la farine dans un bol.
* Versez le lait dans un autre bol.
* Trempez les aiguillettes dans le lait.
* Roulez-les dans la farine.
* Trempez-les dans le jaune d'œuf.
* Pour finir, roulez-les dans le mélange parmesan-chapelure.
* Faites fondre le beurre ou la margarine dans une poêle et placez-y les aiguillettes.
* Faites-les dorer pendant dix minutes environ, en les retournant régulièrement.

Ce qu'il vous faut

Pour 4 personnes

3 blancs de dinde
50 g de parmesan râpé
50 g de chapelure
2 jaunes d'œufs
1 petit verre de lait
20 g de farine
30 g de beurre ou de margarine
1 pincée d'herbes de Provence
sel, poivre

La touche finale

Servez ces aiguillettes de dinde avec des tomates coupées en deux et parsemées d'herbes de Provence que vous passerez cinq minutes sous le grill du four.

Steaks au poivre

Ce qu'il vous faut

Pour 4 personnes

4 steaks hachés surgelés
2 cuillères à soupe de crème fraîche
2 cuillères à soupe de farine
1 cuillère à soupe de vin blanc
40 g de beurre
3 cuillères à café de poivre en grains
sel

Aux fourneaux !

* Dans une casserole, faites fondre 30 g de beurre à feu doux.
* Ajoutez la farine et mélangez jusqu'à obtention d'une pâte sans grumeau.
* Mouillez progressivement avec de l'eau sans jamais cesser de remuer.
* Lorsque la sauce a atteint la bonne consistance (elle doit rester assez épaisse, un peu comme une béchamel), ajoutez la crème fraîche, puis le vin blanc.
* Concassez la moitié du poivre. Ajoutez-le ainsi que les grains restants à la sauce.
* Faites cuire les steaks à votre convenance (saignant, bleu ou à point) dans un peu de beurre .
* Conservez le jus de cuisson et ajoutez-le à la sauce.
* Salez.
* Nappez les steaks de la sauce au poivre ainsi obtenue et servez immédiatement.

Filets de poulet à l'estragon

Aux fourneaux !

* Épluchez et émincez finement l'échalote.
* Coupez les blancs de poulet en gros dés.
* Faites-les dorer à la poêle dans le beurre ou la margarine.
* Ajoutez l'échalote et faites cuire à feu doux en ajoutant un peu d'eau au besoin.
* Lorsque le poulet est cuit, ajoutez la crème fraîche, puis l'estragon.
* Salez et poivrez.
* Terminez la cuisson quelques minutes à feu doux en remuant régulièrement.

Ce qu'il vous faut

Pour 4 personnes

4 blancs de poulet
4 cuillères à soupe de crème fraîche
la moitié d'une petite échalote
2 cuillères à café d'estragon haché surgelé
1 noix de beurre ou de margarine
sel, poivre

Escalopes de veau gratinées

Ce qu'il vous faut

Pour 4 personnes

4 escalopes de veau
2 tranches de jambon de Paris
4 tranches de fromage pour croque-monsieur
3 tomates
5 cuillères à soupe de chapelure
20 g de beurre ou de margarine
sel, poivre

Aux fourneaux !

* Lavez les tomates et coupez-les en rondelles.
* Graissez un plat à gratin avec le beurre ou la margarine.
* Placez-y les escalopes.
* Salez et poivrez.
* Coupez les tranches de jambon en deux et placez ces demi-tranches sur la viande.
* Couvrez avec les tranches de fromage, puis les rondelles de tomates.
* Placez quelques morceaux de beurre entre les morceaux de viande.
* Saupoudrez de chapelure.
* Enfournez une cinquantaine de minutes à 180 °C.

Côtes de porc à l'estragon

Aux fourneaux !

* Faites fondre le beurre dans une grande poêle ou une sauteuse.
* Faites-y dorer les côtes de porc des deux côtés.
* Baissez le feu et mouillez avec un demi-verre d'eau.
* Salez et poivrez.
* Laissez cuire une dizaine de minutes à feu doux.
* Ajoutez le vin blanc, puis la moutarde et enfin l'estragon.
* Pour finir, ajoutez la crème fraîche et terminez la cuisson quelques minutes à feu doux.

Ce qu'il vous faut

Pour 4 personnes

4 côtes de porc
1 cuillère à café de moutarde forte
3 cuillères à soupe d'estragon haché surgelé
2 cuillères à soupe de vin blanc sec
5 cuillères à soupe de crème fraîche
25 g de beurre
sel, poivre

Poulet à l'orange

Ce qu'il vous faut

Pour 4 personnes

4 cuisses de poulet
1 oignon rose
2 oranges à jus
1 citron
4 cuillères à soupe de beurre
4 cuillères à soupe de farine
1 cube de bouillon de poule
1 cuillère à café d'huile d'olive
sel, poivre

Aux fourneaux !

* Portez un litre d'eau à ébullition et faites-y dissoudre le cube de bouillon de poule.
* Pelez et émincez l'oignon.
* Entaillez la peau du poulet.
* Dans une sauteuse, faites dorer les cuisses de poulet à l'huile d'olive avec l'oignon émincé.
* Mouillez avec un verre d'eau, salez et poivrez.
* Couvrez et laissez mijoter une quarantaine de minutes, en ajoutant de l'eau au besoin.
* Pressez les oranges et le citron.
* Dans une casserole, faites fondre le beurre.
* Ajoutez la farine et remuez bien.
* Mouillez progressivement avec le bouillon de poule (l'équivalent d'un verre environ) jusqu'à obtention d'une sauce épaisse.
* Ajoutez les jus d'orange et de citron.
* Versez le tout sur les cuisses de poulet et terminez la cuisson quelques minutes en remuant de temps en temps.

Steaks sauce chasseur

Aux fourneaux !

* Faites cuire les steaks à votre convenance dans un peu de beurre ou de margarine.
* Salez et poivrez.
* Égouttez les tomates pelées et coupez-les en morceaux.
* Pelez et hachez l'échalote.
* Nettoyez soigneusement les champignons de Paris et émincez-les.
* Faites chauffer un peu le beurre ou la margarine dans une poêle.
* Faites y revenir rapidement les champignons et l'échalote.
* Ajoutez les tomates, puis le vin blanc.
* Portez le tout à ébullition et baissez le feu.
* Ajoutez le persil haché.
* Salez, poivrez et terminez la cuisson en remuant quelques instants.
* Nappez les steaks de la sauce ainsi obtenue.

Ce qu'il vous faut

Pour 4 personnes

4 steaks hachés
200 g de champignons de Paris
1 échalote
1 petite boîte de tomates pelées
30 cl de vin blanc sec
1 cuillère à soupe de persil haché surgelé
30 g de beurre ou de margarine
sel, poivre

Aiguillettes de dinde au sésame

Ce qu'il vous faut

Pour 4 personnes

4 blancs de dinde
4 cuillères à soupe de graines de sésame
4 cuillères à soupe de sauce soja
1 cuillère à café de sucre en poudre
poivre

La touche finale

Servez avec du quinoa ou des pousses de soja sautées.

Aux fourneaux !

* Coupez les blancs de dinde en lanières.
* Dans un saladier, mélangez la sauce soja au sucre. Poivrez.
* Placez les morceaux de dinde dans cette marinade.
* Recouvrez de film alimentaire et placez une heure au réfrigérateur.
* Préchauffez votre four à 180 °C.
* Versez les graines de sésame dans un plat creux.
* Égouttez légèrement les morceaux de dinde et roulez-les dans les graines de sésame.
* Disposez la viande ainsi préparée dans un plat allant au four et enfournez une quinzaine de minutes en retournant régulièrement les morceaux de dinde.

Les produits de la mer

On le sait, le poisson c'est bon pour la santé. On le sait parfois moins, ce n'est pas forcément cher… et cela peut être très facile à cuisiner.

Papillotes de colin au citron vert

Ce qu'il vous faut

Pour 4 personnes

4 pavés de colin surgelé
1 petite carotte
2 citrons verts
quelques pincées de mélange de baies roses moulues
huile d'olive
sel, poivre

Aux fourneaux !

* Épluchez la carotte et râpez-la.
* Pressez séparément le jus des deux citrons.
* Mélangez le premier aux carottes, en ajoutant un trait d'huile d'olive.
* Découpez quatre grandes feuilles de papier aluminium ou de papier sulfurisé.
* Répartissez les carottes râpées au milieu de chaque feuille.
* Posez dessus les pavés de colin et arrosez-les du reste de jus de citron vert.
* Salez, poivrez et saupoudrez de baies roses moulues (ou concassées).
* Refermez les papillotes et enfournez une vingtaine de minutes à 200 °C.

La touche finale

Servez ces papillotes avec des pâtes fraîches ou, pour une version plus light, avec des tagliatelles de courgettes.

Crevettes créoles

Aux fourneaux !

* Pelez et hachez les gousses d'ail.
* Décortiquez les crevettes.
* Lavez le piment, coupez-le en deux et épépinez-le.
* Dans une sauteuse, faites revenir l'ail à l'huile d'olive.
* Ajoutez les deux moitiés de piment, puis les crevettes. Saupoudrez-les de curry et faites-les sauter sans cesser de remuer.
* Salez, poivrez, ajoutez un demi-verre d'eau et laissez cuire à feu doux.
* Pendant ce temps, coupez l'ananas et retirez-en l'écorce.
* Coupez-le en petits dés (si l'ananas est gros, une moitié suffira).
* Retirez le piment.
* Ajoutez les dés d'ananas aux crevettes et finissez doucement la cuisson en remuant de temps en temps (les morceaux d'ananas doivent commencer à fondre légèrement).

Ce qu'il vous faut

Pour 4 personnes

1 kg de crevettes
3 belles gousses d'ail
1 petit ananas
1 petit piment
1 cuillère à café de curry en poudre
1 cuillère à soupe d'huile d'olive
sel, poivre

Rougail de thon

Ce qu'il vous faut

Pour 4 personnes

4 darnes de thon
1 grosse boîte de tomates pelées (700 g)
3 oignons roses
2 gousses d'ail
1 cuillère à café de piment en poudre
quelques gouttes de Tabasco
2 cuillères à soupe d'huile d'olive
sel, poivre

Aux fourneaux !

* Épluchez l'ail et les oignons.
* Émincez-les le plus finement possible.
* Dans une sauteuse, faites fondre les oignons dans l'huile d'olive.
* Ajoutez l'ail, puis les tomates coupées en deux.
* Lorsque l'ensemble a un peu réduit, ajoutez délicatement le thon.
* Salez, poivrez, saupoudrez de piment, et, éventuellement, de quelques gouttes de Tabasco, selon votre goût.
* Baissez le feu et laissez mijoter une quinzaine de minutes.

Filets de lieu à l'oseille

Aux fourneaux !

* Lavez et essorez l'oseille.
* Épluchez l'échalote.
* Hachez l'échalote et l'oseille.
* Faites revenir l'échalote à la poêle dans un peu d'huile d'olive.
* Lorsqu'elle commence à fondre, ajoutez l'oseille hachée et laissez mijoter doucement pendant trois à quatre minutes.
* Ajoutez un demi-verre d'eau et laissez réduire un peu à feu doux en remuant de temps en temps.
* Pendant ce temps, faites dorer le poisson à la poêle dans l'huile d'olive (cinq minutes de chaque côté).
* Versez la crème fraîche sur le mélange oseille-échalote.
* Salez, poivrez et arrosez d'un trait de jus de citron.
* Terminez doucement la cuisson pendant une ou deux minutes.
* Nappez le poisson de la sauce ainsi obtenue.

Ce qu'il vous faut

Pour 4 personnes

4 filets de lieu
400 g d'oseille
1 petite échalote
6 grosses cuillères de crème fraîche
1 filet de jus de citron
1 filet d'huile d'olive
sel, poivre

Courgettes farcies aux sardines

Ce qu'il vous faut

Pour 4 personnes

2 belles courgettes
1 tomate
4 boîtes de sardines à l'huile (450 g)
3 cuillères à soupe de crème fraîche épaisse
3 cuillères à soupe de parmesan râpé
1 pincée d'herbes de Provence
poivre

Aux fourneaux !

* Lavez les courgettes et la tomate.
* Coupez la tomate en petits dés.
* Coupez les courgettes en tronçons (environ quatre par courgette).
* Faites-les cuire rapidement dans une casserole d'eau bouillante (pendant cinq minutes environ).
* Égouttez-les et laissez-les refroidir un peu.
* Égouttez soigneusement les sardines et écrasez-les à la fourchette.
* Mélangez-les à la crème fraîche et aux dés de tomates.
* Poivrez et ajoutez une pincée d'herbes de Provence.
* Évidez délicatement les tronçons de courgettes à l'aide d'une petite cuillère.
* Placez-les debout dans un plat à gratin et garnissez-les de la farce aux sardines.
* Saupoudrez d'un peu de parmesan.
* Enfournez huit à dix minutes à 180 °C.

Pavés de saumon sauce citron

Aux fourneaux !

* Pressez les deux citrons.
* Posez les pavés de saumon côté peau dans une poêle avec une noisette de beurre.
* Faites-les cuire doucement pendant six à sept minutes.
* Pendant ce temps, faites chauffer la crème liquide en veillant à ne pas la faire bouillir.
* Ajoutez l'aneth, puis le jus des citrons.
* Salez et poivrez.
* Nappez les pavés de la sauce ainsi obtenue et servez immédiatement.

Ce qu'il vous faut

Pour 4 personnes

4 pavés de saumon surgelés
2 briquettes de crème liquide
2 citrons
1 cuillère à café d'aneth surgelée
une noisette de beurre
sel, poivre

Cabillaud à la citronnelle

Ce qu'il vous faut

Pour 4 personnes

4 pavés de cabillaud surgelés
1 carotte
30 cl de lait de coco
1 tige de citronnelle
1 pincée de curry en poudre
1 cuillère à café d'huile d'olive
sel, poivre

Aux fourneaux !

* Faites décongeler le poisson.
* Épluchez et râpez la carotte.
* Placez les pavés de cabillaud dans une sauteuse avec l'huile d'olive et faites-les griller brièvement des deux côtés.
* Baissez le feu et versez le lait de coco.
* Ajoutez la carotte râpée et la tige de citronnelle.
* Salez, poivrez et saupoudrez de curry.
* Couvrez et faites cuire à feu doux pendant une dizaine de minutes.

Papillotes de colin aux herbes et au citron

Aux fourneaux !

* Faites décongeler le poisson.
* Pressez les citrons, afin d'en extraire le jus.
* Dans un bol, mélangez l'huile d'olive au persil, à la ciboulette et au jus de citron.
* Salez et poivrez.
* Placez les poissons dans un plat et arrosez-les de la marinade ainsi obtenue.
* Couvrez de film alimentaire et placez au moins une heure au réfrigérateur.
* Disposez les pavés au centre de quatre grandes feuilles de papier aluminium ou sulfurisé.
* Relevez et scellez les bords de façon à former les papillotes.
* Arrosez les pavés de colin du reste de marinade.
* Refermez les papillotes et enfournez une quinzaine de minutes à 210 °C.

Ce qu'il vous faut

Pour 4 personnes

4 pavés de colin surgelé
3 citrons
1 cuillère à café de ciboulette hachée surgelée
1 cuillère à café de persil haché surgelé
2 cuillères à café d'huile d'olive
sel, poivre

Gratin de saumon à la florentine

Ce qu'il vous faut

Pour 4 personnes

3 pavés de saumon surgelés
500 g d'épinards hachés surgelés
1 petit pot de crème fraîche
75 g de gruyère râpé
40 g de beurre
5 cuillères à soupe de farine
sel, poivre

l'astuce

Si vous êtes pressé, vous pouvez remplacer la sauce par de la béchamel en brique.

Aux fourneaux !

* Faites décongeler les épinards en les faisant réchauffer à feu très doux.
* Faites cuire les pavés de saumon en les plongeant une dizaine de minutes dans une casserole d'eau bouillante.
* Égouttez-les et laissez-les refroidir.
* Émiettez le saumon.
* Dans une casserole, faites fondre le beurre à feu doux.
* Ajoutez la farine et remuez bien.
* Ajoutez de l'eau peu à peu, sans jamais cesser de remuer.
* Lorsque le mélange a atteint la consistance d'une crème épaisse, ajoutez la crème fraîche.
* Salez, poivrez et ajoutez un peu d'eau au besoin.
* Dans un saladier, mélangez les miettes de saumon aux épinards et à la sauce béchamel que vous venez de réaliser.
* Versez dans un plat à gratin et recouvrez de gruyère râpé.
* Enfournez une quinzaine de minutes à 210 °C (jusqu'à ce que le fromage soit gratiné).

Cabillaud basquaise

Aux fourneaux !

* Faites décongeler le poisson.
* Lavez et épépinez les tomates et les poivrons.
* Coupez les tomates en dés et les poivrons en lanières.
* Pelez et émincez l'oignon.
* Faites-le revenir à la poêle avec les poivrons, dans un peu d'huile d'olive.
* Lorsque les légumes ont commencé à fondre, ajoutez le poisson et les tomates.
* Salez et poivrez.
* Couvrez et faites mijoter à feu très doux pendant une dizaine de minutes, en retournant le poisson à mi-cuisson.

Ce qu'il vous faut

Pour 4 personnes

4 pavés de cabillaud surgelés
1 poivron rouge
1 poivron vert
1 oignon
3 tomates
1 cuillère à soupe d'huile d'olive
sel, poivre

Papillotes de saumon aux deux légumes

Ce qu'il vous faut

Pour 4 personnes

4 pavés de saumon
3 blancs de poireaux
2 carottes
4 cuillères à soupe de crème fraîche
sel, poivre

l'astuce

Utilisez la partie verte des poireaux comme base pour la préparation d'une soupe.

Aux fourneaux !

* Épluchez et râpez grossièrement les carottes.
* Lavez les blancs de poireaux et émincez-les.
* Disposez les pavés de saumon au centre de quatre grandes feuilles de papier aluminium ou sulfurisé.
* Recouvrez-les des légumes.
* Déposez une cuillère à soupe de crème fraîche sur chaque mélange de légumes.
* Salez et poivrez.
* Relevez et scellez les bords de façon à former les papillotes.
* Fermez-les et placez-les dans un plat à gratin.
* Enfournez une vingtaine de minutes à 220 °C.

Gratin de colin

Aux fourneaux !

* Sortez le poisson du congélateur et laissez-le à température ambiante.
* Pelez et émincez l'oignon.
* Faites-le revenir dans l'huile d'olive.
* Ajoutez la purée de tomates et le vin blanc.
* Salez et poivrez.
* Laissez réduire à feu doux pendant cinq minutes environ.
* Étalez cette purée au fond d'un plat.
* Déposez le poisson dessus.
* Recouvrez chaque pavé d'une tranche de fromage.
* Couvrez le plat de papier aluminium.
* Enfournez une vingtaine de minutes à 210 °C.

Ce qu'il vous faut

Pour 4 personnes

4 pavés de colin surgelés
1 oignon
3 cuillères à soupe de vin blanc sec
1 petite boîte de tomates concassées
4 tranches de fromage pour croque-monsieur
2 cuillères à café d'huile d'olive
sel, poivre

Pavés de colin à la moutarde

Ce qu'il vous faut

Pour 4 personnes

4 pavés de colin surgelés
2 cuillères à café de persil haché surgelé
4 cuillères à café de moutarde à l'ancienne
3 cuillères à soupe de crème fraîche
sel, poivre

Aux fourneaux !

* Placez le colin encore surgelé dans un plat allant au four.
* Salez et poivrez.
* Faites cuire le poisson une quinzaine de minutes à 200 °C.
* Pendant ce temps, faites chauffer très doucement la crème fraîche dans une petite casserole.
* Ajoutez la moutarde et le persil et mélangez bien.
* Lorsque le poisson est cuit, nappez-le de la sauce ainsi obtenue.

Dés de saumon mariné et grillé

Aux fourneaux !

* Coupez le saumon en gros dés.
* Pressez les citrons.
* Épluchez la gousse d'ail et écrasez-la.
* Préparez la marinade en mélangeant le jus de citron au basilic, à la ciboulette, à l'aneth et à l'ail écrasé.
* Ajoutez l'huile d'olive.
* Salez et poivrez.
* Placez les morceaux de poisson dans cette marinade, en veillant à bien les imbiber de tous les côtés.
* Recouvrez le récipient de film alimentaire et placez une heure au réfrigérateur.
* Dans une poêle, faites chauffer trois cuillères à soupe de marinade.
* Déposez les dés de saumon et faites-les revenir à feu vif sur toutes leurs faces.

Ce qu'il vous faut

Pour 4 personnes

4 pavés de saumon
1 cuillère à soupe de basilic haché surgelé
1 cuillère à soupe de ciboulette hachée surgelée
1 cuillère à soupe d'aneth hachée surgelée
1 gousse d'ail
2 citrons
4 cuillères à soupe d'huile d'olive
sel, poivre

l'astuce

Pour obtenir de jolis dés, n'attendez pas que le poisson soit totalement décongelé pour le découper.

Colin en matelote

Ce qu'il vous faut

Pour 4 personnes

4 pavés de colin surgelés
5 grosses pommes de terre
1 oignon
2 gousses d'ail
1 petit bocal de coulis de tomates
1 bouquet garni
1 cube de bouillon de poisson
huile d'olive
sel, poivre

Aux fourneaux !

* Faites décongeler le colin.
* Épluchez les pommes de terre et faites-les cuire à l'eau bouillante pendant une quinzaine de minutes (elles ne doivent pas être tout à fait cuites).
* Laissez-les refroidir et coupez-les en rondelles.
* Coupez le poisson en gros morceaux.
* Faites bouillir un litre d'eau et mettez le cube de bouillon.
* Plongez les morceaux de poisson dans le court-bouillon ainsi obtenu.
* Faites-les cuire 8 à 10 minutes et égouttez-les (conservez l'équivalent d'un verre de bouillon).
* Épluchez et émincez l'oignon et l'ail.
* Faites-les revenir dans une sauteuse avec un peu d'huile d'olive.
* Ajoutez le coulis de tomates, puis le bouillon que vous avez conservé.
* Laissez réduire.
* Salez, poivrez et ajoutez le bouquet garni.
* Ajoutez les morceaux de poisson et de pommes de terre et terminez la cuisson cinq minutes à feu doux.

Sur le pouce !

Pas le temps de cuisiner ? Comme dans un vrai bistrot, on se régale avec ces p'tits en-cas tout simples préparés avec trois fois rien !

Quiche au bleu

Ce qu'il vous faut

Pour 4 personnes

1 rouleau de pâte brisée
100 g de bleu (d'Auvergne, des Causses...)
1 briquette de crème liquide (20 cl)
2 œufs
sel, poivre

Aux fourneaux !

* Écrasez le bleu à la fourchette et ajoutez la crème liquide.
* Mélangez de manière à obtenir un ensemble parfaitement homogène.
* Battez les œufs en omelette.
* Salez et poivrez.
* Ajoutez les œufs au mélange bleu-crème liquide.
* Étalez la pâte dans un moule à tarte et versez-y le mélange.
* Faites cuire une vingtaine de minutes à 200 °C.

La touche finale

Pour un plat complet et original, servez cette quiche avec de fines lamelles de poire et quelques cerneaux de noix.

Tartines espagnoles

Aux fourneaux !

* Jetez les tomates dans une casserole d'eau bouillante pendant 20 secondes jusqu'à ce que la peau commence à se décoller.
* Sortez-les et plongez-les dans de l'eau froide pour arrêter la cuisson.
* Épluchez et épépinez les tomates.
* Coupez-les en gros dés.
* Salez légèrement et poivrez.
* Faites griller légèrement le pain et frottez-le avec les gousses d'ail épluchées.
* Coupez les olives en petits morceaux et le jambon en lanières.
* Répartissez les dés de tomates sur les tartines.
* Couvrez-les des lanières de jambon, puis des morceaux d'olives.
* Arrosez d'un trait d'huile d'olive et enfournez cinq minutes à 150 °C.

Ce qu'il vous faut

Pour 4 personnes

8 belles tranches de pain de campagne (ou de pain Poilâne)
8 tranches de jambon serrano
5 belles tomates
2 gousses d'ail
quelques olives noires dénoyautées
un filet d'huile d'olive
sel, poivre

Croques montagnards

Ce qu'il vous faut

Pour 4 personnes

8 belles tranches de pain de campagne (ou de pain Poilâne)
4 tranches de jambon de pays
12 tranches de fromage à raclette
2 petits oignons
2 cuillères à soupe de crème fraîche épaisse
huile d'olive
sel, poivre au moulin

Aux fourneaux !

* Épluchez et émincez les oignons.
* Faites-les fondre pendant une quinzaine de minutes dans un peu d'huile d'olive.
* Salez (légèrement) et poivrez.
* Pour préparer les croques, déposez un lit d'oignons sur quatre tranches de pain.
* Recouvrez d'une tranche de jambon, puis d'une tranche de pain.
* Tartinez les croques d'un peu de crème fraîche puis recouvrez-les du fromage à raclette.
* Donnez un dernier tour de moulin à poivre et enfournez dix minutes à 200 °C (les croques doivent être gratinés).

La touche finale

Servez ces croques avec un peu de salade assaisonnée d'huile de noix.

Quiche aux courgettes grillées

Aux fourneaux !

* Lavez les courgettes et coupez-les en fines rondelles.
* Faites-les revenir à feu vif dans une poêle avec l'huile d'olive et les herbes de Provence.
* Dans un saladier, battez les œufs en omelette.
* Ajoutez la crème fraîche, salez et poivrez.
* Tapissez un moule à tarte de la pâte feuilletée.
* Répartissez-y les courgettes et recouvrez de la préparation œufs et crème fraîche.
* Saupoudrez de parmesan.
* Enfournez une trentaine de minutes à 180 °C.

Ce qu'il vous faut

Pour 4 personnes

1 rouleau de pâte feuilletée
2 courgettes
2 œufs
3 cuillères à soupe de crème fraîche
50 g de parmesan
1 cuillère à soupe d'huile d'olive
1 bonne pincée d'herbes de Provence
sel, poivre

Œufs brouillés aux fines herbes

Ce qu'il vous faut

Pour 4 personnes

6 œufs
3 cuillères à café de ciboulette hachée surgelée
1 cuillère à café d'estragon haché surgelé
1 noisette de beurre
sel, poivre

Aux fourneaux !

* Faites fondre le beurre dans une poêle.
* Cassez les œufs directement dans la poêle.
* Remuez-les à l'aide d'une cuillère en bois, sans jamais vous arrêter.
* Salez, poivrez et ajoutez la ciboulette et l'estragon.
* Les œufs brouillés sont cuits lorsque l'ensemble est jaune.

Pain perdu au bacon

Aux fourneaux !

* Battez les œufs en omelette.
* Ajoutez le lait et mélangez bien.
* Faites chauffer le beurre dans une poêle.
* Trempez les tranches de pain dans le mélange lait et œufs.
* Placez-les immédiatement dans la poêle.
* Faites-les dorer des deux côtés.
* Coupez les tranches de bacon en deux.
* Faites-les revenir à feu vif rapidement à la poêle.
* Disposez une tranche de bacon sur chaque tranche de pain.
* Poivrez et servez immédiatement.

Ce qu'il vous faut

Pour 4 personnes

8 tranches de pain de mie rassis
4 tranches de bacon
2 œufs
1 petit verre de lait
15 g de beurre
poivre

Tartines grillées aux rillettes de sardines

Ce qu'il vous faut

Pour 4 personnes

4 belles tranches de pain de campagne
400 g de filets de sardines (en boîte)
4 olives vertes dénoyautées
1 petit carré de fromage fondu (type Kiri)
1 biscotte
1 cuillère à café de jus de citron
poivre

Aux fourneaux !

* Égouttez soigneusement les sardines.
* Mixez-les avec les olives, le fromage fondu, la biscotte et le jus de citron.
* Ajoutez un peu d'eau au besoin (si vous voyez que le mélange est trop épais).
* Poivrez.
* Placez au moins une heure au réfrigérateur.
* Faites griller les tranches de pain de campagne.
* Présentez avec les rillettes.

Feuilletés au chèvre et à la ciboulette

Aux fourneaux !

* Coupez les pâtes feuilletées en deux, puis encore en deux, de manière à obtenir huit quarts de cercle.
* Dans un petit saladier, écrasez les fromages de chèvre à la fourchette.
* Ajoutez la ciboulette et une cuillère à soupe d'huile d'olive.
* Salez, poivrez et mélangez bien.
* Déposez un peu de ce mélange au milieu de quatre des huit morceaux de pâte.
* Recouvrez-les des morceaux de pâte feuilletée restants et scellez bien les bords.
* Badigeonnez les feuilletés d'un peu d'huile d'olive.
* Enfournez une vingtaine de minutes à 200 °C.

Ce qu'il vous faut

Pour 4 personnes

4 petits fromages de chèvre frais
2 rouleaux de pâte feuilletée
3 cuillères à café de ciboulette hachée surgelée
2 cuillères à soupe d'huile d'olive
sel, poivre

l'astuce

Pour bien sceller les bords, pressez la pâte avec vos doigts, puis humidifiez-la légèrement.

Pains au lait surprise

Ce qu'il vous faut

Pour 4 personnes

4 pains au lait (de préférence achetés chez le boulanger)
2 tranches de jambon blanc
4 cuillères à soupe de gruyère râpé
5 cuillères à soupe de lait
1/2 cuillère à café de persil haché surgelé
sel, poivre

Aux fourneaux !

* Coupez le jambon en fines lanières.
* Ouvrez les pains au lait en deux.
* Prélevez délicatement la mie et émiettez-la dans un bol.
* Ajoutez le gruyère râpé, le jambon, le persil, puis le lait.
* Salez, poivrez et mélangez bien.
* Garnissez chaque petit pain de la préparation.
* Refermez-les et enfournez une dizaine de minutes à 150 °C.

La touche finale

Servez avec une salade verte assaisonnée de vinaigrette aux fines herbes.

Tartines au tartare de saumon

Aux fourneaux !

- Faites griller rapidement le pain, puis laissez les tranches refroidir.
- Épluchez l'échalote et hachez-la.
- Coupez le saumon en tout petits dés auxquels vous ajouterez l'échalote hachée.
- Ajoutez le jus de citron, puis le yaourt et l'aneth hachée.
- Salez et poivrez.
- Tartinez les tranches de pain avec la préparation.
- Servez immédiatement.

Ce qu'il vous faut

Pour 4 personnes

4 belles tranches de pain de campagne (ou pain Poilâne)
200 g de filet de saumon frais
1 échalote
1 yaourt nature
1 cuillère à soupe de jus de citron
2 cuillères à soupe d'aneth hachée surgelée
sel, poivre

Tarte fine au chèvre et à la tomate

Ce qu'il vous faut

Pour 4 personnes

1 rouleau de pâte brisée
4 grosses tomates pas trop mûres
1 bûche de chèvre
2 bonnes pincées d'herbes de Provence
un filet d'huile d'olive
1 pincée de sucre
sel, poivre

Aux fourneaux !

* Déroulez la pâte directement sur la grille du four (en conservant la feuille de cuisson).
* Lavez les tomates et coupez-les en minces rondelles.
* Disposez les rondelles de tomates sur la pâte à tarte.
* Salez, poivrez.
* Saupoudrez les tomates d'un peu de sucre et d'une bonne pincée d'herbes de Provence.
* Enfournez une quarantaine de minutes à 150 °C.
* Coupez la bûche de chèvre en rondelles.
* Sortez la tarte du four et recouvrez les tomates des rondelles de chèvre.
* Parsemez d'herbes de Provence et arrosez d'un filet d'huile d'olive.
* Enfournez à nouveau dix minutes environ (le temps que le chèvre commence à fondre).

La touche finale

Vous pouvez parsemer votre tarte de quelques olives noires hachées, à la sortie du four.

Tarte aux trois fromages

Aux fourneaux !

* Coupez la mozzarella en petits dés.
* Dans un saladier, battez les œufs en omelette.
* Salez et poivrez.
* Ajoutez la crème fraîche, puis incorporez progressivement le gruyère et le parmesan en remuant bien, de façon à obtenir une préparation parfaitement homogène.
* Étalez la pâte dans un moule à tarte et versez-y le mélange, en veillant à ce que les différents fromages soient bien répartis.
* Faites cuire une trentaine de minutes à 200 °C.

Ce qu'il vous faut

Pour 4 personnes

1 rouleau de pâte feuilletée
100 g de gruyère râpé
50 g de parmesan râpé
1 boule de mozzarella
1 bonne cuillère à soupe de crème fraîche épaisse
2 œufs
sel, poivre

La touche finale

Cette tarte sera délicieuse avec une salade de mâche servie avec des cerneaux de noix.

Crostinis au jambon de Parme

Ce qu'il vous faut

Pour 4 personnes

1 baguette de campagne
3 gousses d'ail
4 tranches de jambon de Parme
3 tomates assez fermes
3 cuillères à café de pesto (un petit bocal)

Aux fourneaux !

* Coupez la baguette en rondelles assez épaisses.
* Pelez les gousses d'ail et frottez-en les tranches de pain.
* Passez-les deux à trois minutes sous le gril du four.
* Pendant ce temps, détaillez le jambon en lanières.
* Lavez les tomates et coupez-les en dés.
* Déposez les lanières de jambon sur les tranches de pain grillées.
* Recouvrez de quelques dés de tomates.
* Terminez par un soupçon de pesto. Servez aussitôt.

La touche finale

Servez ces crostinis avec une salade tout juste assaisonnée d'huile d'olive et de jus de citron et parsemée de quelques pignons grillés.

Feuilletés normands

Aux fourneaux !

* Coupez les camemberts en quatre et ôtez-en la croûte.
* Coupez-les ensuite en dés.
* Déroulez la pâte feuilletée.
* Coupez chaque cercle en deux.
* Répartissez les cubes de camembert à droite de chaque morceau de pâte feuilletée.
* Salez légèrement et poivrez.
* Recouvrez chaque tas de camembert de la moitié d'un petit pot de compote de pommes.
* Fermez les chaussons en repliant la moitié gauche de la pâte sur la moitié droite.
* Scellez bien les bords avec les doigts.
* Séparez le blanc du jaune de l'œuf et battez le jaune à la fourchette.
* Badigeonnez chaque feuilleté de jaune d'œuf.
* Enfournez une quinzaine de minutes à 180 °C (les feuilletés doivent être dorés).

Ce qu'il vous faut

Pour 4 personnes

2 rouleaux de pâte feuilletée
2 camemberts
1 œuf
2 pots individuels de compote de pommes
sel, poivre

Cake aux olives et au jambon fumé

Ce qu'il vous faut

Pour 4 personnes

200 g de farine
3 tranches de jambon fumé
une dizaine d'olives vertes dénoyautées
1 sachet de levure chimique
4 œufs
75 g de beurre fondu
8 cuillères à soupe de lait
150 g de gruyère râpé

Aux fourneaux !

* Dans un saladier, mélangez la farine à la levure.
* Ajoutez le beurre fondu.
* Incorporez les œufs un à un en remuant bien, pour éviter la formation de grumeaux.
* Ajoutez le lait, puis le gruyère.
* Salez (légèrement) et poivrez.
* Coupez le jambon en lanières et les olives en deux.
* Ajoutez-les à la préparation.
* Versez dans un moule à cake tapissé de papier sulfurisé.
* Enfournez quarante minutes à 210 °C (vérifiez la cuisson avec la pointe d'un couteau).

La carte des desserts

Quand on a un petit budget, le dessert est souvent le premier sacrifié. Pourtant, pas besoin de dépenser des fortunes pour s'offrir un peu de douceurs dans ce monde de brutes.

Croustillants aux pommes

Ce qu'il vous faut

Pour 4 personnes

2 belles pommes
4 feuilles de brick
2 cuillères à café de miel liquide
50 g de sucre en poudre
20 g de beurre

La touche finale

Les amateurs de cannelle peuvent en saupoudrer les croustillants chauds juste avant de les servir.

Aux fourneaux !

* Pelez les pommes et coupez-les en dés.
* Dans une casserole faites fondre le beurre avec le sucre.
* Ajoutez les morceaux de pommes et laissez-les fondre quelques minutes à feu doux, sans jamais cesser de remuer (ajoutez un peu d'eau si vous voyez que le mélange attache).
* Coupez les feuilles de brick en deux : vous obtenez huit demi-cercles. Posez quatre demi-cercles sur les quatre autres.
* Déposez un peu de compote de pommes au milieu de chaque double feuille et fermez votre brick en ramenant les bords.
* Scellez avec un peu d'eau et de miel liquide, puis retournez votre brick sur une feuille de papier sulfurisé. L'ouverture de la brick doit se trouver contre le papier sulfurisé.
* Badigeonnez les bricks de miel liquide et enfournez 10 minutes à 200 °C.
* Servez chaud ou froid.

Papillotes de fruits d'hiver

Aux fourneaux !

- Épluchez les bananes et les kiwis.
- Coupez-les en morceaux.
- Pressez l'orange et le citron, et versez les deux jus dans un grand verre.
- Coupez quatre grandes feuilles de papier sulfurisé.
- Disposez les morceaux de fruits sur chaque feuille.
- Arrosez-les du jus des fruits.
- Saupoudrez de cassonade et fermez les papillotes.
- Placez-les dans un plat à gratin et enfournez une quinzaine de minutes à 180 °C.

Ce qu'il vous faut

Pour 4 personnes

3 bananes
2 kiwis
1 citron
1 orange
1 cuillère à soupe de cassonade

Verrines crémeuses aux framboises

Ce qu'il vous faut

Pour 4 personnes

200 g de framboises fraîches ou surgelées
75 g de mascarpone
1 yaourt nature
1 sachet de sucre vanillé
1 petit sachet d'éclats de caramel

Aux fourneaux !

* Battez le mascarpone avec le yaourt et le sucre vanillé jusqu'à obtention d'un mélange onctueux.
* Déposez les framboises dans le fond des verrines.
* Recouvrez du mélange mascarpone-yaourt.
* Placez au moins quatre heures au réfrigérateur.
* Au moment de servir, saupoudrez d'éclats de caramel (dont le croquant viendra agréablement trancher avec le fondant de la crème).

La touche finale

Décorez de quelques feuilles de menthe fraîche ciselées.

Verrines de pommes poêlées

Aux fourneaux !

* Épluchez les pommes, coupez-les en quartiers, puis encore en deux.
* Placez les morceaux de pommes dans une poêle et arrosez-les de miel liquide.
* Faites-les fondre et caraméliser légèrement à feu très doux, en les retournant souvent.
* Lorsque les pommes ont un peu fondu, retirez-les du feu et laissez-les refroidir.
* Battez le mascarpone.
* Émiettez les spéculoos.
* Répartissez les morceaux de pommes au fond des verrines.
* Recouvrez-les de mascarpone, puis des spéculoos émiettés.

Ce qu'il vous faut

Pour 4 personnes

3 belles pommes
1 cuillère à soupe de miel liquide
6 cuillères à soupe de mascarpone
12 biscuits spéculoos

La touche finale

Les amateurs peuvent saupoudrer légèrement les pommes d'un peu de cannelle en poudre, avant de les recouvrir de mascarpone.

Mousse au chocolat noir

Ce qu'il vous faut

Pour 4 personnes

6 œufs très frais
150 g de chocolat noir
3 cuillères à soupe de crème fraîche épaisse
1 petite cuillère à café de rhum

Aux fourneaux !

* Séparez les blancs des jaunes.
* Battez les blancs en neige jusqu'à ce qu'ils soient très fermes.
* Coupez le chocolat en morceaux.
* Faites-le fondre dans une casserole à feu très doux sans cesser de remuer.
* Battez un jaune d'œuf et ajoutez-le très délicatement aux blancs.
* Versez ensuite le chocolat fondu et mélangez doucement.
* Ajoutez le rhum, puis la crème fraîche.
* Mélanger délicatement jusqu'à obtention d'une crème onctueuse.
* Placez au moins cinq heures au réfrigérateur.

La touche finale

Au moment de servir, mettez quelques copeaux de chocolat blanc (prélevés avec un économe) et parsemez-en votre mousse au chocolat.

Tarte aux pommes et aux amandes

Aux fourneaux !

* Épluchez les pommes et coupez-les en lamelles.
* Dans un saladier, battez l'œuf avec le sucre en poudre.
* Ajoutez la crème fraîche, puis la poudre d'amandes.
* Déroulez la pâte brisée dans un moule à tarte.
* Disposez les lamelles de pommes en escargot sur le fond de tarte.
* Versez dessus la préparation œuf-crème-sucre et poudre d'amandes.
* Enfournez une trentaine de minutes à 180 °C.
* Servez tiède.

Ce qu'il vous faut

Pour 4 personnes

1 rouleau de pâte brisée
4 pommes
70 g de poudre d'amandes
1 œuf
1 cuillère à soupe de crème fraîche
2 cuillères à soupe de sucre en poudre

Verrines de pêches melba

Ce qu'il vous faut

Pour 4 personnes

3 pêches
4 boules de glace à la vanille
4 petites cuillères à soupe de coulis de framboises
6 biscuits type galettes Saint-Michel

Aux fourneaux !

* Pelez les pêches.
* Coupez-les en morceaux, que vous placerez au fond des verrines.
* Recouvrez les pêches d'une boule de glace à la vanille.
* Nappez d'un peu de coulis de framboises.
* Écrasez grossièrement les biscuits.
* Saupoudrez les verrines de miettes de biscuits et servez immédiatement.

La touche finale

Décorez le sommet des verrines de quelques feuilles de menthe ciselées.

Mousse de framboises au fromage blanc

Aux fourneaux !

* Faites décongeler les framboises.
* Placez la gélatine dans un peu d'eau froide pour la ramollir.
* Faites-la fondre ensuite en la faisant chauffer doucement avec une cuillère à soupe d'eau.
* Séparez le blanc des jaunes d'œufs.
* Battez les blancs en neige.
* Mixez les framboises avec le sucre et le fromage blanc.
* Lorsque le mélange est homogène, incorporez la gélatine fondue et remixez brièvement.
* Versez le mélange dans un saladier et incorporez doucement les blancs montés en neige.
* Répartissez dans des verrines ou des ramequins et placez au moins cinq heures au réfrigérateur (le mieux est de préparer ce dessert le matin pour le soir).

Ce qu'il vous faut

Pour 4 personnes

400 g de framboises surgelées
3 feuilles de gélatine
500 g de fromage blanc
2 œufs
100 g de sucre en poudre

La touche finale

Conservez quelques framboises, que vous disposerez sur la mousse avec quelques feuilles de menthe ciselées au moment de servir.

Cake aux éclats de nougatine et de chocolat

Ce qu'il vous faut

Pour 4 personnes

200 g de farine
100 g de sucre
25 g de cassonade
4 œufs
100 g de beurre
75 g d'éclats de nougatine (en supermarché)
150 g de chocolat noir
1 sachet de levure

Aux fourneaux !

* Faites fondre le beurre dans une casserole à feu doux (ou au micro-ondes).
* Mélangez la farine, le sucre et la cassonade.
* Ajoutez les œufs un à un, puis le beurre refroidi et la levure.
* Coupez le chocolat en petits morceaux, de manière à former des éclats.
* Ajoutez-le à la préparation avec les éclats de nougatine.
* Mélangez soigneusement.
* Garnissez un moule à cake de papier sulfurisé et versez-y la pâte.
* Enfournez 50 minutes à 150 °C, en vérifiant la cuisson à l'aide de la pointe d'un couteau.

Flan coco

Aux fourneaux !

* Préchauffez le four à 150 °C.
* Battez les œufs dans un grand saladier.
* Versez doucement le lait concentré, puis le lait.
* Ajoutez la noix de coco râpée, puis le sucre vanillé sans cesser de remuer.
* Versez dans un moule à charlotte ou un moule à cake préalablement beurré.
* Déposez ce moule dans un plat plus grand, à moitié rempli d'eau.
* Enfournez les deux moules (afin que le flan cuise au bain-marie) pendant une trentaine de minutes (vérifiez la cuisson avec la pointe d'un couteau).
* Une fois le flan refroidi, placez-le quelques heures, sans le démouler, au réfrigérateur.

Ce qu'il vous faut

Pour 4 personnes

125 g de noix de coco en poudre
1 boîte de lait concentré sucré (400 g)
1 sachet de sucre vanillé
400 ml de lait demi-écrémé
4 œufs

Pêches rôties

Ce qu'il vous faut

Pour 4 personnes

4 grosses pêches
8 macarons secs (en sachet)
3 cuillères à soupe de cassonade
40 g de beurre

Aux fourneaux !

* Faites fondre le beurre au micro-ondes.
* Émiettez les macarons dans un saladier.
* Ajoutez la cassonade, puis le beurre fondu.
* Mélangez bien jusqu'à obtention d'une pâte sablonneuse.
* Pelez les pêches et coupez-les en deux.
* Retirez les noyaux et creusez-les légèrement à l'aide d'une petite cuillère.
* Remplissez généreusement les pêches de la préparation macarons-cassonade.
* Placez-les dans un plat à gratin ou dans des ramequins individuels.
* Enfournez une quinzaine de minutes à 200 °C.
* Lorsque les pêches sont dorées, terminez la cuisson en mettant le four sur la position gril quelques minutes.

Riz au lait au caramel

Aux fourneaux !

* Versez le lait dans une casserole.
* Ajoutez le riz, le sucre, le sucre vanillé et la gousse de vanille fendue.
* Faites cuire à feu très doux pendant une heure et demie environ (le riz doit avoir absorbé le lait).
* N'oubliez pas de remuer de temps en temps pour éviter que le mélange n'attache.
* Laissez refroidir et arrosez d'un trait de caramel liquide au moment de servir.

Ce qu'il vous faut

Pour 4 personnes

100 g de riz rond
1 litre de lait écrémé
10 morceaux de sucre
1 sachet de sucre vanillé
1 petite gousse de vanille
1 petit flacon de caramel liquide

Poires feuilletées

Ce qu'il vous faut

Pour 4 personnes

4 poires
2 rouleaux de pâte feuilletée
4 cuillères à café de gelée de groseille
1 œuf

Aux fourneaux !

* Épluchez les poires et évidez-les délicatement à l'aide d'un économe.
* Coupez les cercles de pâte feuilletée en deux.
* Étirez légèrement les bords de ces demi-cercles afin d'obtenir quatre rectangles de pâte.
* Placez une poire au centre de chaque rectangle.
* Versez la gelée de groseilles au centre de chaque poiré évidée.
* Rabattez les quatre coins de pâte de manière à enfermer les poires.
* Soudez le sommet avec vos doigts.
* Posez-les dans un plat à la verticale.
* Séparez le blanc du jaune d'œuf.
* Battez le jaune et badigeonnez-en chaque feuilleté.
* Enfournez une vingtaine de minutes à 200 °C (la pâte doit être dorée).

Quatre-quarts aux pommes

Aux fourneaux !

* Épluchez les pommes et coupez-les en dés.
* Faites fondre le beurre au micro-ondes.
* Dans un saladier, mélangez le beurre fondu et le sucre.
* Ajoutez les œufs un à un, puis la farine et enfin la levure.
* Mélangez soigneusement jusqu'à obtention d'une pâte homogène.
* Incorporez les dés de pommes et mélangez à nouveau.
* Beurrez un moule à manqué (un moule rond) et versez-y la préparation.
* Enfournez une trentaine de minutes à 210 °C (vérifiez la cuisson à l'aide de la pointe d'un couteau).

Ce qu'il vous faut

Pour 4 personnes

3 pommes
2 œufs
100 g de sucre en poudre
100 g de farine
100 g de beurre
1 sachet de levure chimique

l'astuce

Attendez toujours qu'un gâteau ait tiédi avant de le démouler : cela vous en garantira la tenue.

Crumble aux fruits rouges

Ce qu'il vous faut

Pour 4 personnes

1 sachet de fruits rouges surgelés
200 g de farine
150 g de cassonade
150 g de beurre ramolli

Aux fourneaux !

* Déposez les fruits rouges encore congelés dans un plat à gratin.
* Coupez le beurre en petits morceaux.
* Dans un saladier, mélangez grossièrement la farine, la cassonade et les morceaux de beurre ramolli.
* Lorsque votre pâte a une consistance sablonneuse, répartissez-la sur les fruits.
* Enfournez une trentaine de minutes à 200 °C.

Index des recettes

Éditions l'Etudiant

Directeur de la rédaction : Emmanuel Davidenkoff.
Directrice de collection : Maëlla Ruellan.
Responsable d'édition : Cécile Coursol.

Assistante de collection :
Marion Quentin.

Secrétariat de rédaction :
Christine Chadirac.

Visuel :
Directrice artistique : Evelyne Voillaume.
Conception graphique de la couverture : Christine Gasarian.
Maquette : Éliane Degoul.

Fabrication :
Sabine Enders.

Diffusion :
Directrice : Emmanuelle Ould-Aoudia.
Élise Abib.

Communication :
Directrice : Delphine Cantat.

Documentation :
Directrice : Delphine Pietton.
Fonds général : Natalie Fernandez, Lorraine Charles.
Écoles : Thérèse Arnault, Véronique Curely, Dominique Mongie.
Universités : Grégory Lannes, Julia Nadot-Leblanc.
Alternance : Jeanne Levavasseur.
Assistante : Marie-Odile Wettstein.

Commercial :
Directrice : Chrystèle Mercier.

23, rue du Châteaudun, 75308 Paris cedex 09
Dépôt légal : août 2009
Imprimé en France

Imprimerie EMD : n° d'impression 21755

ISBN 978-2-84624-995-9
ISSN 1262-327X